24

VICENTE ORDÓÑEZ

Alcohólatras

Ebriedad, idiocia, control

TASCABILI

altamarea

Primera edición en esta colección: marzo de 2025

© Vicente Ordóñez Roig
© de la presente edición: Altamarea Edición de Libros SL
altamarea.es
altamarea@altamarea.es

Diseño de la colección: Sara Maroto Hebrero
Corrección y maquetación: Bernabé Cantos

ISBN: 978-84-10435-09-4
DL: M-2190-2025

MINISTERIO
DE CULTURA
Y DEPORTE

DIRECCIÓN GENERAL DEL LIBRO
Y FOMENTO DE LA LECTURA

Esta obra ha recibido
una ayuda a la edición del
Ministerio de Cultura y Deporte

Lectura infinita
#pactoporlalectura

Impreso en España por Estugraf en febrero de 2025

VICENTE ORDÓÑEZ

Alcohólatras

Ebriedad, idiocia, control

A Ángela y Ulises

No hay duda, no puedo vivir sin él,
alcohol, alcohol,
es mi destino.

GANG GREEN, «Alcohol»

Introducción

§ 1. Las reflexiones que expondré tienen el alcohol o, por ser más preciso, el consumo generalizado, como protagonista. Sin embargo, no son conjeturas sobre los problemas sociales derivados del uso y abuso del alcohol, como tampoco son un estudio conformado desde la perspectiva de las ciencias sociales, humanas o naturales. Lo que me propongo es responder a una pregunta aparentemente tan sencilla como la que indaga las causas que llevan colectivamente a beber. Y repárese en que, tan pronto como es formulada, la pregunta se vuelve contra uno y su aparente sencillez se desvanece como lo hace la infancia a medida que uno crece y madura. No, lo cierto es que la cuestión que tiene por blanco los motivos de la ingesta generalizada de alcohol es oscura cuando no totalmente hermética o indescifrable. Ya el confuso campo semántico del término «beber», que en las lenguas occidentales reúne, identificándolas, dos acciones contrarias entre sí —la ingesta de un líquido cualquiera, principalmente la insípida y transparente agua, frente al inflamable alcohol— pone sobre la pista de las enormes dificultades a las que hay que hacer frente en cuanto se quieren esclarecer las causas del consumo masivo de licores, vinos y otros aguardientes. Porque si, de un lado, parece innegable que la inclinación a la bebida está vinculada con la desinhibición de las relaciones sociales, el sentimiento de euforia o el goce que acompaña su degustación ritualizada, los episodios violentos, las resacas, jaquecas y, en breve, los desórdenes del sistema nervioso que provoca son, de otro lado, evidencias que causan por sí solas el inmediato escarmiento y la consiguiente representación del mal a evitar. No obstante, una y otra vez se persiguen los efectos de la intoxicación alcohólica y el paroxismo de la embriaguez. ¿Por qué? ¿Por qué se busca con ahínco la repetición de una acción en la que el placer se alterna con el dolor?

§ 2. Es posible encontrar en las raíces de la cultura occidental una respuesta tentativa a por qué se bebe. Me refiero, en concreto, a los muchos relatos que relacionan el consumo de vino, néctar, frutas fermentadas o hidromiel con el olvido: desde las exhortaciones bíblicas a que se beba para poner entre paréntesis las miserias de una vida de otro modo insoportable hasta el fruto embriagador de los lotófagos; de los despistes y olvidos de ese bebedor impenitente que fue Sócrates a los consejos de Plinio de mezclar borraja con vino para eliminar de la memoria dolores y penas. La función social de la embriaguez radicaría en provocar la desconexión transitoria de la realidad y tendría, por tanto, valencia positiva en términos evolutivos.

No obstante, hay que notar cómo, a despecho de ello, está lejos de mostrarse el beneficio desmemorizante del alcohol como una evidencia. Sobre todo por la razón de que el olvido inducido por el alcohol tiene en ocasiones un efecto negativo vinculado con la infelicidad, la desazón o el dolor, y no faltan ejemplos en los que, en circunstancias desfavorables, los quitapenas provocan tanta o más ansiedad que placer. Por traer la cuestión a un plano general, puede hablarse de la amnesia, del borrado de memoria, de los *blackouts* salvajes que se siguen a veces de la intoxicación etílica —«la cabeza me da vueltas»,[1] escribe Jean-Luc Nancy al describir su experiencia del absoluto, experiencia que compara con el vértigo embriagante del vino—. ¿Cómo acceder a lo

1   J.-L. Nancy, *Embriaguez,* C. Rodríguez Marciel y J. de la Higuera (tr.), Universidad de Granada, Granada, 2014, p. 66.

que sucede mientras dura la cogorza? Quién sabe. Mutismo, fingimiento o conmoción.

El olvido alcohólico no asegura un placer perdurable. Antes al contrario, la apariencia benéfica de la desmemoria inducida por la ebriedad se transforma al poco en su opuesto, como si el alcohol, obediente a una ley imposible de la naturaleza, se obstinase en defender aquello mismo que destruye.

§ 3. Sea como sea, en el alcohol se dan simultáneamente dos fenómenos, contrarios entre sí, pero complementarios: aumento de los niveles de cortisol, por una parte, y liberación de endorfinas, por otra, de suerte que al estrés de la adicción acompaña indefectiblemente una sensación química de placer. O sea, quien bebe tiene tan buenas razones contra la botella como a su favor, aunque, como el alma en pena que se desgarra en la ranchera de José Alfredo Jiménez, su lamento turba los oídos con una nota perpetua, repetida hasta la extenuación:

otra vez a brindar con extraños
y a llorar por los mismos dolores.

Por tanto, el alcohol es, como el fuego de San Telmo, de estructura doble: si su consumo puede provocar la náusea más completa, los refuerzos positivos son tantos que se persigue con tenacidad la repetición de un circuito de estímulos desagradables, vertiginosos o incluso truculentos. Placer y dolor: gemelos dioscuros de la beodez.

§ 4. Viniendo de nuevo a mi cuestión, creo que, tal vez, habría que llevarla hasta sus límites para encontrar una respuesta, si no satisfactoria, sí al menos aproximada. Esos límites hacen que necesariamente se repare en una importante diferencia de grado. Y es que no hay que perder de vista la distancia que media entre quien usa bebidas fermentadas de forma esporádica, disfruta de sus cualidades excitantes en pequeñas dosis, se beneficia del empuje que una copa ejerce sobre su autoestima y a quien cabe denominar, justamente, «alcohólatra», del dipsomaníaco; es decir, de quien se embrutece en la borrachera, cuya embriaguez nunca llega a disiparse por completo y desarrolla una dependencia tan severa que corre el riesgo de padecer cólicos, afecciones cerebrales, hepatitis, cirrosis, exantemas, ascitis y otras tantas enfermedades debilitantes: si el primero adora la bebida sin confundirse con ella, la adicción del segundo hace del alcohol un agente patógeno destructivo.[2]

2   En este punto puede ser de alguna utilidad lo que Gilles Deleuze señala sobre el alcoholismo, a saber: que «no se presenta

Dado que la bibliografía sobre alcohólicos —o alcoholistas, que es como llaman a esas gentes en el Cono Sur— está sólidamente documentada, mis observaciones en esta obrita girarán en torno a las primeras, esto es, se centrarán en las alcohólatras.

§ 5. Antes de continuar analizando la figura, un tanto singular, del alcohólatra, me veo en la obligación de renunciar a esa pregunta impenetrable formulada en el primer epígrafe: ni puedo defenderme de la endiablada fuerza del gigante alcohólico ni sé descifrar las causas que llevan colectivamente a beber.

Dejo de lado, por tanto, esa pregunta total y me centro en esta otra, más limitada y humilde: ¿por qué el alcohólatra se ve impelido a beber? Para ceñir más la respuesta, voy a precisar que la abordaré desde aquello que me es más familiar, a saber, voy a tratar de responderla desde el marco epistemológico occidental: carezco de la formación y aun de la perspicacia para entenderla desde una dimensión antropológica más amplia que, posiblemente, permitiría extraer una serie de conclusiones válidas para el ser humano en general. Así pues, el asunto que en estas

como la búsqueda de un placer sino de un efecto. Este efecto consiste principalmente en lo siguiente: un extraordinario endurecimiento del presente». En G. Deleuze, *Lógica del sentido,* M. Morey (tr.), Paidós, Barcelona, 2017, p. 192.

páginas se va a abordar se cifra en la exploración de las causas que, en Occidente, llevan a las gentes a darse a la bebida con moderación, si bien prolongada, continua y hasta gustosamente.

§ 6. Ya que los peritos en estas cuestiones toman el pulso a las cosas en la lengua de sus hablantes, me dispongo, antes que nada, a ensayar una primera definición del término, contingente y, por ello, todavía provisional: «Alcohólatra es toda persona que recurre al alcohol esporádicamente buscando la satisfacción de un fin». En aras de una mayor claridad, hay que señalar que esta definición no pretende ser más que su esqueleto, pues por grandes que pudieran ser sus excelencias, lo cierto es que no llegan a completar el concepto. Y es que ¿cuáles son los fines que satisface el alcohol? ¿Acaso evita la corrupción del cuerpo, cura la enfermedad o apacigua la ansiedad de una existencia alienante? ¿Supone el consumo de alcohol el pináculo y la guinda de una vida afortunada? ¿Hay una teleología alcohólica como la hay biológica, histórica o metafísica? Aunque no es posible precisar estas cuestiones, lo cierto es que los alquimistas medievales ya calibraron no solo el potencial final del alcohol, sino lo que en la jerga alcohólatra se llama «subidón»; o sea, un estado de euforia transitorio, un bienestar eléctrico pero efímero de resultas de esos sorbos o tragos cuyos efectos llevan a consumirlo incluso por la retina —*eyeballing* denominan a esa variedad de ingesta etílica en el imperio de la anglosfera—. De algún modo, una copa reúne la espiritualidad más sublime con la materialidad más concupiscente. Así, cuando Beyoncé canta

> he estado bebiendo, he estado bebiendo,
> me vuelvo obscena cuando ese licor está en mí,

reproduce, sea o no consciente, un tropo que se repite una y otra vez como muestra de la epifanía eterna del alcohol. ¿Se encontrará aquí el secreto del alcohol? Es decir, ¿es porque excita las pasiones más violentas al tiempo que conduce más allá de la esencia, a un lugar indeterminado de deseo, por lo que se persiguen sus efectos estimulantes? ¿No constituyen estos efectos su motivación y finalidad, algo que justificaría, además, su consumo, siquiera como mediador o excipiente de las relaciones entre iguales? Tal vez. Comoquiera que sea, no es temerario suponer que, como un cable submarino que conecta vastas áreas incomunicadas entre sí, las propiedades farmacológicas, psicológicas y eróticas del alcohol lo vinculan subterráneamente con aquello que excita, vivifica y reconforta, y que estas propiedades lo convierten, en definitiva, en un fin tan escurridizo como apreciado.

Hace, sin embargo, objeción el hecho de que la cuestión temporal indicada por el adverbio «esporádicamente» de la definición propuesta no queda del todo clara, y aun de manera doble: de un lado, se alude con ello a lo ocasional, a lo que solo tiene lugar de tarde en tarde; de otro, el término del que deriva apunta a la dispersión, esto es, a lo que está diseminado sin orden ni concierto. En efecto, el adverbio, elemento gramatical invariable que introduce, sin embargo, grandes dosis de variación en el repertorio de una lengua, deja en suspenso, en un abismo de indeterminación, el momento en el que uno es requerido, como si se tratara de una obligación inexorable, por la bebida. ¿No es posible precisar, entonces, ese instante en el que el alcohólatra se entrega con fruición a los placeres de la chicha?

§ 7. Para ilustrar con mayor sencillez y claridad problemas tan resbaladizos, creo pertinente dividir mi argumentación en tres partes complementarias. La primera de ellas alude a la ebriedad como una institución social regulada por leyes consuetudinarias. Efectivamente, la historia muestra que el alcohol es una institución robusta y vigorosa, con verdaderas raíces entre las gentes: en cualquier tiempo y lugar se ha conocido, empleado y degustado, y solamente han sufrido cambios las formas exteriores de su ejercicio. Entender el consumo de bebidas alcohólicas no como un acto fortuito o una posible manera de estar en el mundo, sino como un proceso regulado por normas que son tanto internas —se ponen en práctica con el hábito— como externas —se determinan por la acción de las circunstancias en que se desarrolla la vida—, hace posible despejar algunas de las incógnitas que han ido surgiendo en los epígrafes anteriores. La segunda de ellas aborda la idea que los alcohólatras tienen de sí: al beber creen seguir el dictado de su conciencia en la convicción de que su inteligencia es suya y de nadie más. No obstante, aquí se arguye que ni son dueños de lo que piensan ni tampoco de lo que dicen o hacen: ese desconocimiento de sí mismos es, precisamente, lo que me lleva a estudiar a la persona alcohólatra desde el contexto epistemológico de la idiocia. Por último, la tercera parte visibiliza el control social con el que, de forma apenas perceptible, las distintas estructuras que permean el espacio del poder imponen modelos, marcan rumbos, fiscalizan a las gentes o, de una vez, dominan a través del alcohol. Es la continuidad de estas tres partes, agrupadas como segmentos de una misma figura geométrica, la que debe proveer un marco para entender, siquiera mínimamente, al alcohólatra occidental contemporáneo.

Ebriedad

§ 8. Chupar, pimplar, escanciar, tomar un trago, empinar el codo, mojar el gaznate o pisar el corcho son, antes que hechos fortuitos, hábitos determinados por las relaciones sociales entre sujetos y por los organismos en los que aquellos despliegan sus acciones. Aquí, «determinados» no ha de tomarse por sinónimo de decidir algo, sino por el de forzar la voluntad de alguien para que «decida» qué hacer. ¿Qué tipo de agente externo tiene esa capacidad impositiva con la bebida? Más que un agente, son una serie de tropos jurídicos, económicos y culturales de consecuencias imprevistas: difícilmente se tolera el que un miembro de una tribu, marca o clan no respete las reglas consuetudinarias que rodean al alcohol, que son muchas, ciertamente, pero también exigen, fuerzan y hasta obligan a renunciar a tantas otras. Y nótese de paso que la situación de quien se pilla una curda apenas deja rastro y ni se le censura ni sermonea, pues lo paradójico está en que se le acoge por derecho en el seno de una comunidad que ve, de esta suerte, refrendados los lazos de pertenencia al grupo. Ante esto uno se pregunta: el temor a una ley no escrita que impele a los miembros de un colectivo a actuar según normas impuestas por la ebriedad, ¿sugiere una predisposición marcadamente positiva en todo aquello que huele a alcohol? Probablemente. El alcohol estrecha los vínculos entre los miembros de un grupo. La borrachera coral une: la ebriedad asocia a los que beben en común en una suerte de complicidad secreta pero generalizada y consabida.

El alcohólatra reúne en la identidad de su persona la obligación de beber: a esa «zorra desventurada», por emplear una imagen desfasada de Mateo Alemán para referirse al pueblo, hay que constreñirla a la bebida como medio legítimo para alcanzar la aceptación social. Así las cosas, todo error, toda conducta que se salga de la tradición, toda excentricidad respecto al alcohol, en suma, será etiquetada como disruptiva y tendrá su correspondiente sanción a través de una panoplia de castigos sociales.

§ 9. ¿Qué ocurre entonces con quienes se niegan a seguir el dictado de la norma que prescribe el uso del alcohol? ¿Cómo encaja la persona que rechaza las bebidas espirituosas en una sociedad que, precisamente, redirige invariablemente hacia ellas? El abstemio es el raro, un sujeto que con su actitud «anormal» concentra sobre sí las pulsiones agresivas que, sublimadas gracias a la burla, al desprecio o al ostracismo, permiten al alcohólatra descargar el peso de sus afecciones embriagantes.

Quizá no esté de más indicar que este argumento reúne en un mismo punto tres caminos que se encuentran aquí como por casualidad. En primer lugar, subraya que la burla vertida sobre el abstemio es, en parte, una manifestación de un impulso agresivo latente: como la violencia física con la que el conjunto de individuos querría castigar a quien se abstiene de beber tendría una respuesta negativa en forma de multa, de imputación o crimen, se necesitan otros mecanismos que hagan virtualmente efectiva la agresión. La puya, el escarnio, la hostilidad o el insulto serían algunos de estos mecanismos. Además, el rodeo de la descarga tiene la capacidad doble de destensar y relajar las partes elásticas de las entrañas y el diafragma, liberando la ponzoña en la andanada que se dirige contra el otro, sea ese otro alguien anónimo, un colectivo tomado como arquetipo o una figura pública descollante. Es, cabalmente, el carácter moralizante de la descarga el tercer aspecto que debe señalarse ahora: el abstemio reprendido es castigado con sorda rudeza, pero de la rudeza no debe pasarse nunca a la brutalidad. Porque el humillar públicamente oculta una secreta aspiración didáctica: se muestra al otro, al que es como todos, el qué y el cómo. «Qué» tiene que hacerse, pero «cómo» tiene que hacerse para no ser uno objeto de desprecio. En definitiva, el oficio de abstemio, como el de los siameses del relato de Nabokov sobre el que lúcidamente ha reflexionado Peter Sloterdijk, consiste en producir un «ser de exhibición y advertencia».[3] Los estudios etnográficos y antropológicos lo corroboran: la conformidad con el grupo apacigua, no bailar al compás desencadena agresiones. ¿Quiere esto decir que el culto al alcohol profesado por el alcohólatra, al igual que sucede, por cierto, con cualquier otra idolatría, no excluye, sino que potencia la amenaza violenta sobre el otro?

§ 10. Aquí hay que indagar, no más, sino de otra manera. Lo que en este epígrafe me propongo es contemplar las bases del consumo de alcohol considerado no tanto desde una óptica lenitiva como desde la perspectiva más amplia y compleja de su institucionalización. Y es que no es temerario imaginar

---

3 P. Sloterdijk, *Esferas I. Burbujas: Microsferología,* I. Reguera (tr.), Siruela, Madrid, 2003, p. 406.

el alcohol como una institución ligada a los usos y costumbres de un pueblo. Esa institución tiene, en parte, la responsabilidad de regular y administrar las relaciones sociales entre los sujetos que conforman una comunidad cualquiera. ¿Qué tipo de relaciones sociales son las que regula y administra el alcohol? Me limitaré por ahora a señalar tres ámbitos en los que ejerce un papel determinante: el familiar, el amistoso y el sexual.

Primeramente, el consumo puntual de alcohol entre los miembros de una misma familia, circunscrito a aniversarios, fiestas y demás celebraciones, tiene una función que es tanto conectiva como espesativa. De un lado, vincula intergeneracionalmente a los miembros de un mismo clan por medio del ritual de la iniciación alcohólica y mantiene vivos algunos lazos afectivos que, de no mediar la bebienda, o bien se marchitarían, o bien se enquistarían, o bien se debilitarían. De otro, se propaga entre ellos al modo de la sustancia crasa que ocupa un volumen: impregnando con su pastosidad etílica los vasos comunicantes del parentesco.

El alcohol desempeña, segundamente, un rol central en las relaciones amistosas. A diferencia de la lombriz de tierra, la estrella de mar o el caracol, el *sapiens* necesita, sobre todo en su juventud, amachambrar sus vínculos personales. El alcohol diluye, a veces con gran violencia, las muchas barreras y muros que se alzan entre potenciales amigos. De hecho, constituye uno de los goznes sobre el que la época de consolidación de la amistad, la adolescencia, da su giro decisivo hacia la madurez.

Por último, el alcohol es un desinhibidor que propicia la elección de acompañante sexual. ¡Y eso que, de nuevo, encuentro en este punto una paradoja irresoluble! Porque si hay veces que la capacidad sexual mejora cuando hay copas de por medio, hay otras que empeora o tal vez anula los reflejos sexuales de quien ha bebido. Pese a todo, el alcohol y el sexo, como el ying y el yang, conforman una figura de dúplice unicidad.

Convertido en institución administradora de relaciones sociales, el alcohol hace de la borrachera algo deseable —a pesar de que en este sintagma nominal se verifica, otra vez, una contradicción entre el sustantivo y el adjetivo que lo acompaña, pues no en balde se observa una contraposición semántica entre los efectos negativos de la «borrachera» y la nota que le añade el adjetivo «deseable»—. Fuere lo que fuere, lo cierto es que la institución del alcohol es una forma de ordenamiento de las relaciones sociales, y por partida doble: confiere un orden a lo que de otro modo se perdería en el tumulto de lo indefinido y, además, prescribe qué debe hacerse a través de un entramado simbólico de normas, valores y creencias embriagadoras que, debidamente interiorizadas y asimiladas, se confunden con los deseos íntimos y hasta con los sueños de cada cual.

§ 11. Una institución no es tanto un dispositivo como una suerte de organismo compuesto de agregados de membranas blandas y flexibles, pero consistentes. En apariencia, las distintas partes que conforman ese organismo se definen por su autonomía, libertad, independencia, etcétera. No obstante, una institución es una constelación discursiva con la que se sobredetermina a las partes individuales que la constituyen. Costumbres, preceptos, bienes, patrones de conducta, procedimientos organizativos o creencias confluyen en diversos sistemas de canalización formal del sometimiento, a saber: medios de comunicación, órganos administrativos, familia, industria, partidos políticos, redes sociales, cultura, etcétera. Son, por cierto, estructuras intensivas que organizan la vida social al cohesionarla, si bien se despliegan como potentes instrumentos de separación con los que se perfilan caracteres y personalidades, se compromete la espontaneidad del pensar o se intervienen los saberes liberadores a través de la implantación de tabúes sexistas, xenófobos, clasistas o jerárquicos. Por decirlo brevemente: las instituciones coaccionan a los sujetos que conforman un colectivo a pesar de que los sujetos difícilmente perciben la coacción que las instituciones ejercen sobre ellos. Ernest Gellner no emplea la palabra coacción, pero creo que lo que él llama «jaula de goma»[4] coincide con lo que aquí se indica, a saber: que los procesos de racionalización contemporáneos se arman con los barrotes de la abundancia, la automatización, el ocio y la indulgencia. Esos barrotes, por tanto, ya no son de hierro y, a pesar de su flexibilidad —o quizá por ello—, resultan fuertemente violentos.

El elemento coactivo que palpita en las instituciones es un síntoma inequívoco de que estamos ante algo no solo implacable, sino también sectario, que se manifiesta en su voluntad de dominar, de marcar pautas, límites o (ab)usos, de subyugar. Entonces, si se acepta que el alcohol es una institución «flexible», ¿con su consumo, o mediante él, se domina y subyuga, se instrumentaliza a las gentes que conviven bajo las normas de una institución tan singular? Sin duda. Como certeramente señala Veblen, las instituciones son fundamentalmente

4   E. Gellner, «La jaula de goma: desencanto con el desencanto», en *Cultura, identidad y política. El nacionalismo y los nuevos cambios sociales,* A. L. Bixio (tr.), Gedisa, Barcelona, 1989, p. 166.

«hábitos mentales predominantes con respecto a relaciones económicas y funciones particulares del individuo y de la comunidad».[5]

§ 12. Este hecho, que con demasiada frecuencia se pasa por alto, debería bastar para alertar sobre la relación entre institución, economía de mercado y alcohol. Porque las instituciones logran gracias al consumo generalizado de alcohol dos cosas. Lo primero y más obvio es que reporta pingües beneficios a la amplia rama del sector de las bebidas espirituosas. Lo segundo es más resbaladizo y, por ello, mucho más interesante: al regular el uso del alcohol, las instituciones construyen modelos abstractos con los que los sujetos se identifican. Y obsérvese que aquí aparece ya la caracterización del sujeto institucionalizado con el consumidor. En efecto, la clave en este punto no reside en qué es aquello que se quiere, sino en que se quiera «algo»; o sea, que se desee que una cosa acontezca. Por tanto, los miembros de un colectivo cualquiera son impelidos a perseguir, a desear, a consumir. Cuando, además, las instituciones señalan en dirección a la bebida, el alcohol se transforma en un desiderátum.

5   Th. Veblen, *Teoría de la clase ociosa*, V. Herrero (tr.), Fondo de Cultura Económica, México, 2005, p. 196.

Por medio de la racionalización institucional del alcohol se instrumentaliza la intoxicación etílica, y se pone de manifiesto una vez más la función congénita de todo poder orgánico y estructural: la de ser un procedimiento de control y ordenamiento político-social. ¿Acaso es posible sustraerse a la malla pegajosa de las instituciones?

La hipótesis que recalca el carácter institucional del alcohol hace patente los límites que, fijados por instancias externas asimiladas de forma inconsciente, llevan a las gentes a beber, aunque sea ocasionalmente.

§ 13. Verosímil o no, considero que el alcohol es una institución social, es decir, un sistema que prescribe toda una serie de disposiciones afines entre sí y con las que se regula el comportamiento por medio de un conglomerado de normas más o menos palpables. Aquí no estoy haciendo ninguna preceptiva, sino que sugiero una vía alternativa que, tal vez, podría proponerse como paradigma de la fascinación que ejercen los bebedizos en general. Y digo esto, principalmente, porque —como se verá fácilmente— el alcohol es una institución desde cuyo fundamento brota una relación jurídica entre los sujetos de una colectividad y un objeto determinado, en este caso las bebidas espirituosas. En todo caso, la relación jurídica solo revela un aspecto parcial de la institución, de suerte que en ella se dan tantas relaciones particulares como sujetos entran en esa misma institución: la institución del alcohol comprende en sí la relación jurídica entre las estructuras de poder como reguladoras y administradoras de la industria del alcohol, las gentes inclinadas a la bebida y sus preciados objetos de consumo. Aquí puede encontrarse otra pista, y una de las más fiables, para que el alcohólatra repare en su especial situación de bebedor circunstancial: que quiera o no quiera beber depende no tanto de su albedrío como de la obligación adquirida con las capas más compactas del *establishment* que, no por casualidad, son las que tienen la capacidad y hasta el deber de suministrarle aquello que «necesita».

Quizá no sea inútil recordar hasta qué punto el consumo de alcohol se impone con la fuerza de un sacramento normativo inquebrantable. Y al introducir conjeturas sobre el grado de complicidad entre derecho y alcohol, recuerdo lo que el formalismo del derecho romano codifica racionalmente: que la ley es siempre mandato imperativo. En efecto, toda vez que es enunciada, la ley expresa no tanto ruegos como preceptos, no solicita nada puesto que ordena y obliga. Pues bien, a pesar de que los antiguos códigos normativos ya recogen que el vino —tomado aquí como sinécdoque del alcohol— es carrera que conduce a todos los males y pecados, el Estado protege su comercio y el derecho lo regula a través de tributos, reglamentos, impuestos especiales de fabricación, inventarios de actividad y establecimiento o regímenes de infracciones y sanciones. La cobertura jurídica que se da al alcohol muestra, por empezar con lo menor, que su consumo es legítimo, tolerado e, incluso, que se apela directamente a la persona a que beba, aunque sea bajo amenaza de no transgredir la ley. Pero, por continuar con lo mayor, me parece que induce a las gentes a extrapolar toda clase de consideraciones morales con respecto al consumo de otras sustancias estupefacientes con efectos embriagadores similares. Según se expresa la fraternidad alcohólatra, no hace objeción alguna, sino todo lo contrario, el que alguien se agarre una buena melopea porque su acción viene garantizada por una cobertura legal que es, cuando menos, discutible en términos éticos. Si, al contrario, uno va ciego, fumado, puesto o empastillado se censura, condena y hasta persigue a quien así procede, mostrando la hipocresía común de escandalizarse por lo que no lleva en el envoltorio el matasellos del Estado.

En cualquier caso, quiero insistir en la cobertura jurídica de la que goza la bebida. Como es bien sabido, el Código Penal establece que quienes, en el momento de cometer un delito, se hallan en estado de intoxicación plena por el consumo de bebidas alcohólicas están exentos de responsabilidad criminal —siempre que la intoxicación, se añade, no haya sido buscada con el propósito de cometerlo o se hubiese previsto su comisión—. Dejando de lado la casuística que desarrollan tanto el derecho militar como el Reglamento General de Circulación, lo cierto es que desde un punto de vista exclusivamente penal la ebriedad puede aplicarse como circunstancia modificativa de la responsabilidad, como atenuante o incluso eximente dado que se corresponde con un episodio en el que hay alteración pasajera de las facultades psíquicas del sujeto. De todos modos, la psiquiatría forense debe adaptarse a la realidad jurídica porque la embriaguez tiene diferente consideración según las circunstancias. Efectivamente, el derecho distingue entre embriaguez fortuita, voluntaria e intencional, y este último aspecto, el intencional, es el que se subraya desde el Código Penal. Es decir, lo decisivo estriba en determinar la intencionalidad de una acción, embriagarse, que en situación de cometerse un delito podría llegar a eximir a la persona que así ha obrado de toda responsabilidad. Y que nadie se escandalice por ello: como saben muy bien quienes se dedican a la filosofía del derecho, una determinación jurídica puede estar perfectamente fundada y ser totalmente consecuente y, sin embargo, ser en sí y por sí injusta e irracional. Abundan, por desgracia, los ejemplos.

Fuera de este caso extremo, ya el *Corpus iuris civilis* de Justiniano contempla la exención de responsabilidad penal si el presunto criminal está ebrio; en *Las Siete Partidas* promulgadas por la cancillería real de Alfonso X, antecedente legislativo del derecho hispano, se protege expresamente a la industria del vino; etcétera.[6] No estimo oportuno multiplicar los datos más de lo necesario: si se aplica la navaja de Occam a la institución jurídica del alcohol, se entiende de inmediato que es tan antigua como el derecho civil, si bien aparece al margen del mismo y nunca escapa a la órbita de los círculos interesados en el mantenimiento del orden, la obediencia y el control. Volveré sobre este punto en el último apartado de este ensayo. Lo decisivo ahora estriba en comprender que la cobertura jurídica del alcohol, además de afianzar el consumo, manifiesta una comunión de intereses entre usuarios, órganos de poder y derecho. Esta continuidad asegura los privilegios de los que goza el alcohólatra, apuntalando

6 *Cfr.* Justiniano, *Digesto I,* Álvaro D'Ors (tr.), Aranzadi, Pamplona, 1968, Libro 9º, título 2, 30 § 2; y Alfonso X, *Las Siete Partidas II,* Real Academia de la Historia, Madrid, 2021, Partida segunda, título XX, p. 194.

su estatus como elemento estabilizador de una organización social.

§ 14. Y podría objetarse, desde luego, que el régimen institucional del alcohol es cuando menos discutible, pues son legión quienes han planteado la conveniencia, si no de prohibir, sí al menos de restringir su producción y consumo. Ya los recabitas a quienes alaba el profeta Jeremías introducen decretos coercitivos contra el vino inducidos, probablemente, por su nomadismo militante. Clemente de Alejandría abjura, como los espartanos y cretenses, del poder embriagador del vino: el alcohol inflama los instintos más violentos en el *sapiens* y hay que evitarlo como el fuego destructivo de un incendio. Quiero, no obstante, detenerme brevemente en el encratismo, una de las herejías más interesantes del cristianismo primitivo influenciada tanto por principios gnósticos como platónicos y neopitagóricos. Los encratistas prohíben el consumo de vino entre sus acólitos porque anticipan la amenaza, los riesgos y peligros derivados de ingerirlo: lograr el autocontrol total o dominio de sí requiere de los más altos sacrificios, y el vino en particular y los alcoholes en general son palos en las ruedas del ascetismo. En definitiva, para los encratistas, como también para Platón, perder el control o dominio de sí significa convertirse en la más peligrosa y mala, en la peor de las personas que habitan una comunidad. También Porfirio recomienda a las gentes reflexivas el uso de bebidas ligeras y que se abstengan del vino. Otras vías trascendentales como la abierta por los maniqueos promueven la abstención del ardiente vino. Por otra parte, no hay que olvidar que el sanguinario Justiniano era abstemio, como también lo fue Pío v, el papa de la Liga Santa. Para Gassendi, matemático abstemio y vegetariano, enemigo de Descartes y epicúreo de última hora, la carne y el vino embotan el alma. ¡Y qué decir de esa suerte de negativo poético de Anacreonte, Percy B. Shelley, ahogado en Viareggio con un volumen de Sófocles en la mano, a quien tanto fascinaba el agua que no solo murió confundiéndose con ella, sino que, como Emily Dickinson, nunca probó el alcohol![7] De los precedentes más cercanos en el tiempo quiero sacar a colación uno que me parece especialmente revelador por las circunstancias tan especiales en las que se desarrolla. Me refiero a las reivindicaciones antialcohólicas de los anarcosindicalistas españoles que,

---

7 Stéphan Lévy-Kuentz repasa la estrecha relación entre gentes de letras y alcohol, y se pregunta: «¿Será el alcohol la tinta de la oralidad?». Como puede apreciarse, la sugerencia no se sostiene. *Cfr.* S. Lévy-Kuentz, *Metafísica del aperitivo,* L Naranjo (tr.), Periférica, Cáceres, 2022, p. 28.

con su sagacidad habitual, vislumbraron la degradación, el debilitamiento y la desunión que el alcohol introducía entre sus bases. Si algo resalta al leer las crónicas de la prensa ácrata del momento es su comprensión de que las fuerzas productivas deben interiorizar lo siguiente: que en la lucha no se combate únicamente contra un enemigo externo, sino contra los efectos devastadores, el embrutecimiento y la nihilización que sobre su conciencia de clase tiene el sistema económico de producción. La industria del alcohol será contemplada como una amenaza o, quizá, como un instrumento en manos de la burguesía con el que, simultáneamente, se debilita la toma de conciencia del anarquista y se consolida su servidumbre voluntaria. Recientemente, he visto reverdecer esta reivindicación libertaria en el movimiento *straight edge* iniciado por bandas *hardcore* como Minor Threat, que con sus prácticas ascéticas actualizan una propuesta que poco o nada tiene que ver con la dogmática puritana de los ponentes de la ley Volstead, los mutazilíes, las personas que confiaron en la utopía amazónica de Toivo Uuskallio o los entusiastas de la Preston Temperance Society.

Frente a estos ejemplos sacados al azar del tiesto de la historia siempre podrá contraargumentarse que los casos en los que el alcohol se prescribe, loa o glorifica son tantos que sería del todo ocioso tratar simplemente de enumerar los más significativos. Y sirva como muestra lo que cabe denominar «función sísmica Noé». Noé, que en medio de la corrupción total del género humano aparece como el único hombre justo y perfecto sobre la faz de la tierra, es precisamente quien planta por primera vez una viña en el monte Ararat, transforma su jugo en vino, se embriaga desnudo y, aunque en el *Génesis* no se explicite, cabe colegir que danza, se agita y canta, pues ¿quién en un estado de excitación tal no haría una cosa así? Trasunto de Deucalión, suerte de Baco hebreo, Noé, el último de los patriarcas antediluvianos, ¿no muestra con su acción renovadora que el camino de la salvación judeocristiana se halla irremediablemente entrecruzado con el de la ebriedad? Que este episodio cause, sin embargo, estupor y hasta vergüenza mal disimulada en alguien que tantas veces anduvo en báquicas jaranas como Agustín de Hipona evidencia la hipocresía y acaso la maldad que reverbera entre quienes detentan la autoridad de un poder que se expresa en un sistema de normas fidedignas o crediticias que, por si fuera poco, se impone biliosamente sobre los demás. ¿Puede haber algo más engañoso que la legitimación de una forma de dominio basada en la descalificación? De todos modos, la sombra de Noé prevalecerá y las réplicas de ese terremoto se dejarán sentir aquí y allá con fuerza. Así lo cree, por cierto, Béla Hamvas, para quien Noé es el símbolo y contraseña, el comienzo de una nueva era en la historia del hombre y, al tiempo, su actualidad y última culminación. Y en absoluto es azaroso que el polímata húngaro, prototipo del fanático alcohólatra en su batalla sacerdotal contra el ateísmo, ligue en una misma frase el nombre de Noé, el vino y la historia. Hamvas arrima el ascua a su sardina porque, como Tucídides, sabe que quien se adueña del relato se enseñorea de una narrativa que se pone por encima de cualquier otra como algo eterno y, por tanto, irrefutable y necesariamente verdadero: la historia de la que uno se apodera es perenne. De ahí que no le tiemble el pulso al afirmar que la ebriedad es un estado infinitamente superior al de la razón común. De hecho, constituye «la sobriedad superior».[8]

La arrogancia de la figura neroniana de Hamvas tiene su negativo en Guy Debord, a quien, según me contaba Javier Urdanibia, Alice Becker-Ho debía descorchar varias botellas de vino antes de irse a trabajar para que el paladín del situacionismo, temblando por la falta de sueño, las alucinaciones y la atmósfera de psicotiranía que había creado a su alrededor, pudiera seguir empinando el codo. En su *Panégyrique* se lee:

---

8 B. Hamvas, *La filosofía del vino*, A Kovacsics (tr.), Acantilado, Barcelona, 2014, p. III.

Al principio me gustaba, como a todo el mundo, el efecto de la ebriedad ligera; luego, muy pronto, me gustó lo que está más allá de la ebriedad violenta, cuando se ha superado esta etapa: una paz magnífica y terrible, el verdadero sabor del paso del tiempo. Aunque durante las primeras décadas puede que solo mostrara ligeras señales de ello una o dos veces por semana, es un hecho que me emborrachaba continuamente a lo largo de períodos de varios meses; y aun así, el resto del tiempo bebía mucho.[9]

Hamvas y Debord, alcohólatra uno, alcohólico el otro, pero ambos forjados en el troquel del fanatismo del vino, actualizan el gesto de Noé al entender, quizá, que el alcohol instiga una profunda transvaloración de todos los valores: alternancia de la vida y la muerte, epifanías, ocultamientos, danzas circulares, ebriedad, a veces pausada, a veces desenfrenada, hierogamias, alucinaciones, lubricidad… Todo lo que rodea al ritual alcohólico resulta de una experiencia metafísica que, no obstante, se integra en el universo de valores de un colectivo concreto (un fenómeno análogo se da en el registro de la psicosis). También Sócrates adopta en ocasiones la figura de un Noé profano: hierático y danzarín, arquitecto de discursos

9   G. Debord, *Panégyrique I,* Éditions Gérard Lebovici, París, 1989, p. 46 (traducción del autor).

cambiantes, escurridizo y laberíntico como Dédalo, puede andar por el hielo sin experimentar frío, buscar racionalmente la virtud y hacer su plegaria al sol, embrujar y comportarse valerosamente en la batalla, pero, sobre todo, es capaz de beber hasta la saciedad sin emborracharse.

Los casos de Noé y Sócrates, como los de Hamvas y Debord, ¿acaso no son un indicio de los dos grandes planos perpendiculares en los que la embriaguez corta la realidad? Es decir, ese estado a mitad de camino entre el éxtasis y la locura, ¿no produce un mundo que tiene su meta sublime, pero inalcanzable, en la exigencia ética de la mesura, frente al otro mundo de la ebriedad noemita en el que la superfluidad de la naturaleza se revela como conocimiento de una alteridad radical?

§ 15. Detenerme un momento en la ambivalencia de quienes se posicionan frontalmente contra el alcohol y quienes lo reclaman de modo perentorio y concluyente me ha parecido inevitable por cuanto me dispongo a cotejar el tropo económico que vendría a confirmar que el alcohol está recubierto de un barniz perfectamente institucional. Porque la valencia religiosa de esta confrontación entre detractores y apologetas del alcohol tiene no tanto valor teológico como crematístico. Y es que, como recuerda Max

Weber, con demasiada frecuencia se pueden explicar mejor ciertas actitudes religiosas por los motivos lucrativos que las definen:[10] desde el momento en que el consumo de alcohol está orientado no por un prurito exclusivamente espiritual, sino por la mano invisible del mercado, los intereses personales se embrollan sucesivamente con la maximización del beneficio del empresariado productor, que es quien, en última instancia, permea la acción subjetiva, en este caso del trasiego alcohólico. Aquí se ha producido una inversión dialéctica de los términos: no se consume alcohol para compensar la demanda de un particular, sino para satisfacer los intereses del sistema de producción que comercializa la industria de bebidas espirituosas. Así pues, las inclinaciones de los particulares van dejando de ser particulares para convertirse cada vez más en intereses del mercado, de la exportación, de la hacienda real, etcétera. En última instancia, la ebriedad puntual anhelada por el alcohólatra no es causada solamente por el deleite y la voracidad, sino por los sórdidos intereses de una economía que alborota la razón con el fin de obtener un beneficio neto, un valor añadido, una plusvalía, en definitiva, del comercio alcohólico.

10 M. Weber, *Economía y sociedad*, F. Gil Villegas (tr.), Fondo de Cultura Económica, México, 2016, segunda parte, IV, § 12, p. 677.

Parece fuera de toda duda que una institución cualquiera, y en especial el alcohol, requiere medios económicos de poder. Derechos aduaneros; contratos estrictos de consumo y cláusulas abusivas que dejan indefenso al consumidor; reglamentos a los impuestos de azúcares, achicoria, cerveza y bebidas refrescantes; aranceles a la importación... Los sistemas fiscales fijan, con la connivencia de grandes firmas transnacionales, impuestos especiales que gravan el consumo de alcohol movidos no por un prurito higiénico, tampoco benefactor, sino y sobre todo por un instinto depredador. En efecto, la obtención, distribución y explotación de elixires, aguas espirituosas, bálsamos y quintaesencias constituye una industria de la mayor importancia. Y no solo porque los líquidos fermentados son apreciados hasta el extremo de que para los alcohólatras resultan cruciales en su tiempo de ocio, que lo son, sino también porque su uso como biocombustible, disolvente en farmacia para preparar ungüentos, elixires o medicinas tributa rentas abundantes a las arcas del Estado y a los consorcios monopolísticos que extraen de la venta de sus productos un beneficio neto. Es cierto: en la economía del alcohol, a las ratafías y licores hay que añadir el bioetanol obtenido por fermentación de la remolacha o la caña de azúcar, las tinturas alcohólicas que se consiguen por maceración, lixiviación o por simple solución, como la tintura de árnica, el bálsamo de benjuí, el linimento de cantáridas o el alcohol alcanforado. De todo ello se extrae un beneficio económico al tiempo que se orienta «racionalmente» la acción de los consumidores.

La persona alcohólatra, en consecuencia, se encuentra dentro de un círculo más grande y compacto de gentes trabadas por relaciones económicas muy complejas y sutiles. Que esto es así lo corrobora que los impuestos que gravan al alcohol, uno de cuyos objetivos es elevar los precios para contraer el consumo, provocan el efecto contrario: la prueba de que la venta de bebidas alcohólicas no ha disminuido en los últimos decenios, sino que, al contrario, se ha incrementado paulatinamente, confirma que con estas medidas aumenta la recaudación de las arcas del Estado y, de paso, se protegen los intereses de los grandes consorcios dedicados a la «explotación» de la bebida. Y habrá, no obstante, quien recuerde que en el campo doctrinal se discute todavía si los impuestos especiales sobre el alcohol en general deben ser proporcionales o progresivos; si se admiten o no ciertas exenciones; si las cargas impositivas deben trasladarse del contribuyente *de iure* al contribuyente *de facto;* si habría que aceptar algún tipo de regresividad; etcétera. Lo que sucede en la práctica es claro: aquí conviven con la más rastrera, servil y corrupta administración del Tesoro, el provecho, utilidad y ganancia de corporaciones dedicadas a menudear con la intoxicación etílica.

En el caso de las drogas recreativas legales uno puede ser tajante: las relaciones económicas están indefectiblemente unidas a la tradición que anima a empinar el codo al unísono, mezclando en un mismo recipiente financiero expectativas personales basadas en la costumbre con reglas y procedimientos coactivos provenientes de la esfera público-privada. Así las cosas, hay que decir que la ebriedad no la causa solamente la insaciabilidad del alcohólatra contemporáneo, sino también las instituciones que se aprovechan de ella.

§ 16. No quiero pasar por alto que, si el consumo de alcohol reglamentado por formas de producción racional debe entenderse con relación a la institución económica que, en última instancia, determina el esparcimiento y la relajación de las gentes, es importante reparar en cómo ese consumo es además producto de una comunidad que considera el alcohol un bien cultural. Sostener de buenas a primeras que el alcohol es, como el patués, la dama de Elche o la sardana, un bien cultural resulta cuando menos problemático. Principalmente porque se le convierte en uno de esos elementos escurridizos que facilitan el bienestar a los miembros de una sociedad. La guaracha del Trío Matamoros *La botellita,* en la que muy oportunamente se compara la acción de beber a la de mamar, da cuenta de la alta y reverenciada consideración en que se la tiene:

Botellita, botellero,
de botella botellón,
que me den una chupeta
que me sepa a biberón.

Equiparar la acción de beber de la botella con la de succionar la leche, ora del pecho materno, ora de los muchos utensilios que lo imitan con artificio, supone, además de elevar el alcohol hasta los altares de lo indispensable para la supervivencia, proclamarlo de interés público y hasta artículo de primerísima necesidad, por no hablar de los matices psicosociales de una subjetividad proclive a la «mamada».

Pero vuelvo ahora sobre mis pasos porque quiero analizar con detenimiento la afirmación que hace del alcohol un producto de interés público y, todavía antes, un bien cultural. Lo primero que me intriga podría formularse del siguiente modo: ¿es el alcohol un bien en sí mismo o un bien respecto de algo o alguien? La cuestión es más enrevesada de lo que podría parecer en una primera y, quizá, atropellada consideración. Inicialmente, uno tendería a responder asumiendo la verdad de la segunda variable proposicional: según lo expuesto anteriormente (§ 14), el alcohol no solo no es considerado un bien en sí mismo, sino que una masa nada desdeñable muestra su aversión más radical a la bebida. Ahora bien, la cosa no es tan obvia y a poco que se reflexione sobre el particular se hace evidente que uno se halla en territorio de arenas movedizas. Porque si fuera que las bebidas espirituosas se consideraran no un bien como tal, sino un bien que tiene un valor estrictamente individual, ¿por qué su consumo está relacionado con el aumento de la satisfacción vital, los sentimientos de euforia, el incremento de la autoestima o, en definitiva, la salud mental? Dado que el consumo de alcohol está protegido por las instituciones que deberían limitarlo o directamente vetarlo, ¿no será que tanto por arriba como por abajo se le aprecia de suerte que se potencian sus efectos embriagadores, ya sea mediante la argucia de combinar la jerga de los manuales de autoayuda con la estética de la publicidad, ya sea a través de políticas proteccionistas que muestran sin ambages el carácter perverso del Estado y la «libertad» de mercado que con tanto celo promueve? ¿Pertenece, entonces, el beber a la categoría de cosas que son buenas en y por sí mismas? Parece claro. El alcohol, considerado como bien cultural, se ubica en un lugar tan etéreo y magnífico que, en rigor, se halla, al igual que las inalcanzables ideas platónicas, más allá de la esencia y de cualquier esquema conceptual que uno pueda imaginar. De ello cabe colegir que el alcohol no debe ubicarse entre esos bienes materiales que hacen la vida más confortable, sino entre los bienes culturales apreciados por sí mismos.

§ 17. Doy por bueno, a pesar de los diferentes matices observados, que se estima el alcohol como un bien cultural homogéneo, patrimonial y, fundamentalmente, trascendente. Ya que he de atenerme a esta conclusión, merece la pena estudiar al alcohólatra desde el segundo de los factores apuntados, o sea, hay que observarlo como un producto netamente cultural.

La cuestión que me gustaría abordar ahora tiene estructura triangular: en primer lugar, cabe suponer que el alcohol pertenece al oscuro entramado ceremonial que se entrevera con las tradiciones, ritos y fiestas de una colectividad. En segundo lugar, puede argüirse que, como hábito socialmente adquirido y culturalmente reforzado, la ingesta de alcohol forma parte de un campo central de fuerzas positivas en el *sapiens*. Por último, tal vez no sea descabellado proponer, por mera hipótesis, la posibilidad de considerar el alcohol como un potente transmisor que hace de palanca para que en el homínido termine de configurarse nada menos que el lenguaje.

Lo primero que hay que decir es que el ceremonial del alcohol otorga una cierta regularidad a los fenómenos sociales. Ciertamente, los ritos alcohólicos en los que los pueblos se representan y en los que se reconocen protegen del sinsentido de una vida que, lejos ya del seno de esa ficción metafísica denominada «naturaleza», se percibe como irracional, caótica o espuria —en efecto, la cultura aleja definitivamente al ser humano de la naturaleza y lo coloca ante, si no contra ella—.[11] Además, la presión coactiva con que se imponen pautas de conducta, leyes

11   El consumo de bebidas alcohólicas ocupa a quienes, desde la antropología y la etnografía, estudian al ser humano desde diversos ángulos. Piénsese, por ejemplo, en el segundo y tercer volumen de las *Mitológicas,* donde Lévi-Strauss alude explícitamente al alcohol como mediador de las relaciones humanas: dado que la preparación de bebidas alcohólicas como el hidromiel supone algún tipo de conocimiento sobre los procesos bioquímicos de transformación de los alimentos, el alcohol sería uno de los marcadores que señalan el tránsito de la naturaleza a la cultura. *Cfr.* C. Lévi-Strauss, *Mitológicas II. De la miel a las cenizas,* J. Almela (tr.), Fondo de Cultura Económica, México, 2002, p. 90 y ss.; y C. Lévi-Strauss. *Mitológicas III. El origen de las maneras de mesa,* J. Almela (tr.), Fondo de Cultura Económica, México, 1970, p. 135. Hay que advertir, no obstante, que la ebriedad implica una alteración inversa, por cuanto la perturbación producida por la ingesta de alcohol devuelve momentáneamente a un estado «natural».

y otros anodinos fenómenos preceptivos creo que se doblega gracias al concurso del alcohol. A mi modo de ver, al mismo tiempo que ha ido popularizándose, el ritual y las formas ceremoniales que rodean al alcohol se han regularizado, vinculándose a otras fiestas, prácticas o cultos que, finalmente, han perfilado su finalidad práctica, a saber: la de servir como espacio en el que momentáneamente está permitido rebasar los límites normativos que toda comunidad impone. En última instancia, el ceremonial del alcohol ofrece a los sujetos, en cuanto miembros de una comunidad, cánones ideales con los que atenuar la inflexibilidad de su comportamiento estereotipado, modelos de estilo y hasta de conducta, esquemas de acción, por tanto, que muestran el camino que va de la rigidez a la distensión.

De que el alcohol no es un capricho subjetivo, sino que está poderosamente reforzado por el contexto cultural en el que el *sapiens* se desarrolla, da prueba una constatación básica: la revelación y el contacto simbólico con lo sagrado es auspiciado, si no total, sí al menos parcialmente por la ingesta de bebidas fermentadas. No me parece inverosímil suponer que una de las funciones primitivas del alcohol haya sido justamente la «presencia», o sea, inducir a que diosas y dioses, espíritus, ánimas y fantasmas se hagan presentes, ya sea por alucinación, por deslumbramiento o intoxicación. El alcohol, sobre todo como experiencia colectiva, facilitaría el contacto con esa hiperrealidad espiritual, lo que en términos sociológicos hace que se le represente como un vector positivo.

Por último, podría plantearse una posible conjetura —aventurada, desde luego, y de cuyo error asumo toda la responsabilidad— que pondría en contacto al alcohol con los oscuros orígenes del lenguaje. Lo que pretendo insinuar es la sospecha de que el etanol que se encuentra de forma natural en frutas y bayas como la uva, el higo, la pera, la manzana, la endrina o la serba que, concluido su proceso de maduración, fermentan por el tipo de azúcares que contienen, una vez ingeridas por el *sapiens,* ¿no estarían detrás de ciertos cambios metabólicos próximos a la aparición del lenguaje? Con toda sinceridad reconozco que no lo sé. En estos terrenos hay que andar con mucho tiento y, aunque no hay evidencias que demuestren la conexión entre lenguaje y alcohol, es cuando menos un enunciado observacional plausible que explicaría lo enraizado que se encuentra su consumo generalizado, su bienquerencia y la afición con la que se bebe.

Idiocia

§ 18. Como es de sobra conocido, la palabra alcohol es un derivado de las raíces semíticas *kohl* o *kuhūl:* una sustancia sutil, un cosmético elaborado a base de polvos de antimonio empleado fundamentalmente para pintar y embellecer los rasgos faciales. Así, cuando en el *Libro de los Reyes* [9:30] se menciona que Jezabel se pintó la cara, el verbo hebreo de la oración, *kachal,* indica que la acción que lleva a cabo la princesa fenicia es la de colorearse con alcohol o pintar sus ojos con sulfuro de antimonio, ese polvo semimetálico negro utilizado para tal fin. No por casualidad la *Biblia del Oso* propone la traducción literal y certera «Jezabel [...] adornó sus ojos con alcohol», estableciendo que la primera función del *liquor vitigineus* no es tanto embriagadora como cosmética. En el *Tesoro,* Covarrubias da en el clavo al describirlo como «cierto género de polvos, que con un palito de hinojo teñido en ellos le passan por los ojos para aclarar la vista y poner negras las pestañas y para hermosearlos […]. Y es assí que con el alcohol parece agrandarse y alargarse los ojos, y por eso le llaman *plathyophthalmon,* producidor y dilatador de los ojos».[12] En *La Celestina,* cuando Pármeno explica que son Sempronio y una puta vieja alcoholada quienes aporrean la puerta, «alcoholada» nombra la mancha oscura que la alcahueta tiene alrededor de los ojos.[13] En todo caso, lo que en este punto no hay que olvidar es que la palabra alcohol pasa a designar, en la jerga de los alquimistas —que son quienes tienen la capacidad de transformar un sólido cristalino muy fino y volátil en una pasta negra usada como maquillaje—, el proceso por el que, bien por destilación, sublimación, calcinación o disolución, se consigue la esencia de algo.

Joseph Needham, William H. Brock o Fabrizio Pregadio han estudiado los orígenes del alcohol desde una perspectiva historiográfica y bioquímica, y coinciden en señalar que, ya en los primeros siglos de nuestra era, en algunos puntos de China se logra destilar alcohol con un aparato tecnológico

---

12   S. de Covarrubias, *Tesoro de la lengua castellana o española,* M. de Riquer (ed.), Alta Fulla, Barcelona, 2003, p. 76.

13   F. de Rojas, *La Celestina. Tragicomedia de Calixto y Melibea,* EDAF, Madrid, 1979, p. 93.

rudimentario, pero tremendamente efectivo.[14] Una de estas tecnologías permitía separar el agua del alcohol concentrado mediante un procedimiento de congelación: una vez sometido a muy baja temperatura un líquido espirituoso fuerte como, por ejemplo, el *chiu* o vino de arroz, resulta relativamente sencillo obtener alcohol concentrado toda vez que se ha separado de él el agua que contiene. Sea de esto lo que fuere, las técnicas embriagadoras que hacen parecer al hombre un loco llevan en su ADN la impronta de la milenaria tradición asiática.

La alquimia árabe y la iatroquímica europea, al contrario, tendrán que dar un rodeo hasta conseguir sintetizar alcohol con el que elaborar medicamentos antisépticos para detener las infecciones y los procesos de putrefacción, o para comprender que son las enzimas los potentes catalizadores responsables de transformar el azúcar de las frutas en un licor vigorizante. Cerca de mil años después de los hallazgos alcohólicos de la lejana China, Al-Razi

14   Needham ha tratado el asunto en varios ensayos. *Cfr.,* por ejemplo, J. Needham *et alii, Science and Civilization in China (vol. 5). Chemistry and Chemical Technology. Part IV: Spagyrical Discovery and Invention: Apparatus, Theories and Gifts,* Cambridge University Press, Cambridge, 1980, p. 150 y ss.; W. H. Brock, *Historia de la Química,* E. García Hernández, A. del Valle *et alii* (trs.), Alianza Editorial, Madrid, 1998, p. 41; y F. Pregadio, «Golden Liquor» en *The Encyclopedia of Taoism I,* F. Pregadio (ed.), Routledge, Londres, 2008, pp. 586-588.

hace referencia en su *Liber secretorum,* manual básico de química práctica medieval, a las «aguas fuertes» obtenidas por un proceso de destilación.[15] La opinión general es que, desde aquí, el arcano del veneno etílico llega a Europa gracias a la labor de traducción y difusión de las obras de medicina y alquimia árabes. No obstante, una voz tan autorizada como la de Edmund O. von Lippmann afirma que el alcohol es más bien una invención de Occidente que no se materializó hasta el siglo XI aproximadamente, y con casi total seguridad en Italia.[16] A mi modo de ver, la publicación en los albores del Renacimiento del tratado *De consideratione quintae essentiae* del franciscano catalán Joan de Rocatallada o de Rupescissa permite calibrar hasta qué grado la Edad Media latina popularizó la exaltación del ánimo provocada por una sustancia que se obtenía de la destilación de vinos añejos fuertes, la sublimación de agua de rosas o el macerado de frutas y plantas frescas; sustancia nimbada, por cierto, de un aura mística debido justamente a su capacidad para eliminar dolores, hacer que remitan enfermedades, anestesiar heridas y lesiones

15   W. H. Brock, *Historia de la Química* [1998:40].

16   E. O. von Lippmann, *Entstehung und Ausbreitung der Alchemie. Mit einem Anhange: Zur älteren Geschichte der Metalle. Ein Beitrag zur Kulturgeschichte, I,* J. Springer, Berlín, 1919, p. 472.

o provocar un leve estado de enajenación placentera. Y esto último no lo digo vanamente: la vertiente mística del alcohol de los alquimistas no es otra cosa que la búsqueda de lo singular y concreto frente a la universalidad del concepto y la imagen ideal (pero distorsionada) de la piedra filosofal; la preferencia no definitiva, aunque sea recurrente, de una perspectiva particular; la satisfacción de unas apetencias propias, de un sabor determinado y de una disciplina formal libremente elegida.

En paralelo al descubrimiento del poder embriagador del alcohol por parte de los «hijos del arte» se irá desarrollando un complejo tecnológico de cubas, redomas, pelícanos, hornos de atanor, frascos, limas, espátulas, alambiques, embudos, cizallas o retortas para la destilación que llevará, tanto en el ámbito árabe como en el europeo, a investigar la función extática del alcohol mientras los alquimistas elaboran elixires, bebedizos y otros licores.

A pesar de mi probada ignorancia en estos asuntos, pues tras diez años como docente de Historia de la Ciencia no he sido capaz de destilar en el laboratorio orujo, *slivovitz* o ginebra, no me parece osado deducir que la satisfacción gozosa que proporcionan las bebidas espirituosas irá relegando cada vez más la singularidad curativa del alcohol a un plano secundario y hasta marginal.

§ 19. Quiero volver a fijar la atención de mi cámara analítica —pasando, como quien dice, de la química a la lógica— no tanto en las posibilidades etílicas del alcohol como en su analogía con la «esencia», con la propiedad más escurridiza e íntima de los cuerpos estudiados en los herméticos gabinetes alquímicos. Aunque en términos históricos el alcohol constituye un fetiche teológico solemnemente coronado por la reputación de ser uno de los remedios más efectivos contra los sinsabores de la existencia,[17] lo cierto es que, pese a todo, no es esencia de nada. Antes bien, es una sustancia psicoactiva depresora del sistema nervioso central que alivia igual que embota, alegra tanto como marchita, relaja, en fin, al tiempo que exalta. Sin embargo y a pesar de que el alcohol no se sostiene como el fondo esencial que permanece al destilar, sublimar, calcinar o disolver un cuerpo cualquiera, me parece muy significativo que se le tome por aquello que subyace por debajo

---

17 Hay que notar que «existencia» y «éxtasis» derivan de la misma raíz etimológica. En este sentido, Jean-Luc Nancy, recordando a Teresa de Ávila, escribe que la embriaguez extática se considera «sagrada en la mayor parte de los cultos y de las conductas místicas». *Cfr.* J.-L. Nancy, *Embriaguez* [2014:33]. Ciertamente en la mística, matriz de las artes de *performance* a juicio de Sloterdijk, *Esferas I* [2003:508], se dan ciertos júbilos cercanos a la experiencia del alcohol. Hablando en general, la embriaguez expone al *sapiens* a los rigores de la existencia.

de una sustancia material concreta, es decir, que se le considere como su esencia, su elemento genuino, la propiedad constitutiva de esa sustancia. La propiedad, lo propio de un cuerpo, es la nota más íntima de ese cuerpo que, porque ni está mezclado con ni es mancillado por nada, expresa su característica permanente, particular y hasta eterna.

En este punto hay que abordar una serie de problemas que pertenecen de suyo al ámbito de la denostada y no siempre entretenida escolástica. Lo primero que habría que hacer es distinguir entre el alcohol como compuesto orgánico y el alcohol como bebedizo; o sea, establecer las diferencias que se dan entre la sustancia incolora soluble en el agua en proporción variable y el beber en sí, que es lo que ahora interesa dilucidar. El beber no forma parte de la esencia del *sapiens,* pero constituye uno de sus rasgos más característicos, un propio o *proprium.* El propio es uno de los predicables, esto es, uno de los modos de relación entre el sujeto y el predicado. Dicho en palabras de Aristóteles, los predicables son cinco: género, especie, diferencia, propio y accidente. Propio —*ídion* escribe el estagirita, «propio de uno», «privado», «particular»— es lo que no indica qué es la esencia, pero se da solo en tal cosa y puede intercambiarse con ella en la predicación. Sería, por tanto, uno de los cinco universales que, sin formar parte de la esencia de una cosa, procede necesariamente de ella y, por consiguiente, conviene a la especie entera y a ella sola. La palabra, la risa o el alcohol son propias de los seres humanos. No por casualidad Kingsley Amis, considerado por muchos el gran apóstol del alcohol, subraya que es el encadenamiento asociativo de estos tres elementos (palabra-risa-alcohol) lo que pone de manifiesto que los beneficios sociales de la bebida en común superan los dramas individuales que provoca.[18]

Creo que ha sido Hans Fallada quien, en los últimos tiempos, ha sido capaz de desentrañar de manera satisfactoria este galimatías lógico. En *El bebedor,* diario novelado que comienza dos días después de su ingreso en el psiquiátrico Domjüch de Mecklemburgo, Erwin Sommer, *alter ego* de Fallada, escribe: «Por supuesto que no siempre he bebido, incluso no hace mucho que empecé a beber».[19] Fallada clarifica lo que la lógica oscurece, a saber: que la capacidad humana de beber pertenece al hombre de forma innata y, aunque uno no esté todos los días de bares, el trasiego de vinos forma parte de la idiosincrasia dominante.

18 K. Amis, *Sobrebeber,* R. de España y M. Izquierdo (trs.), Malpaso, Barcelona, 2014, p. 13.

19 H. Fallada, *El bebedor,* Ch. Martí-Menzel (tr.), Seix Barral, Barcelona, 2012, p. 7.

§ 20. Esta aproximación lógica no debe distraerle a uno de la pátina posesiva que se forma en torno a la propiedad, que debe su resonancia posterior al mismo hecho al que debe su perduración en las lenguas de Occidente: a su origen jurídico. En este sentido, «propio» deriva de *pro privo,* o sea, de «a título particular», lo que es peculiar y privativo de una cosa o de una persona; su «patrimonio», término que podría pasar por su equivalente: en la medida en que alguien puede disponer por sí mismo de aquello que le es propio (principalmente alguna heredad, bienes raíces, mercancías, etcétera), queda a resguardo de lo que es público y común. Y repárese de inmediato en la ambigüedad entre poseer alcohol y ser poseído por el alcohol pues, como propio del hombre y de nadie más, es tanto una cosa que se posee como la cosa que le posee a uno; es decir, que si al tomar una copa de jerez uno entra en una situación de poder factual sobre el jerez, simultáneamente el jerez entra en la misma situación de poder factual, si bien esta vez sobre la persona que lo consume —aunque, dependiendo de cuál sea la cantidad ingerida, la situación de poder puede llegar a ser mínima, parcial o total—.

Me parece que la persona alcohólatra ha debido de sentir en sus carnes al menos una vez esta ambigüedad posesiva propia del alcohol: cuanto mayor es el número de los estímulos excitantes de los que se ha echado mano, menor es la capacidad para restablecer la voluntad debilitada por el alcohol; o dicho en palabras del alado Lucrecio: cuando la fuerza del vino penetra en uno, todo se pone patas para arriba.[20] Ciertamente, un vermú, como un ron o una pinta de cerveza de cereza, es un estimulante que alivia las penas y distrae de las obligaciones cotidianas a quienquiera que se deleite con su sabor. No obstante, tomado en exceso causa desórdenes varios de los que, en muchos casos, pueden seguirse cuadros clínicos desagradables y, en ocasiones, una sensación de abatimiento generalizado o incluso una moderada depresión. ¿No es esto, precisamente, lo que experimentan las Bacantes en el drama de Eurípides una vez desaparecidos los efectos de la suma ebriedad? El misticismo griego que germina en el culto a Dionisos, a medio camino entre la posesión, el trance y las técnicas de purificación, entre el delirio colectivo y la búsqueda de la salvación individual a través de una ascesis rigurosa, es tan proclive a la catarsis del vino como a la ebriedad más extrema. Encuentro, por ello, en el lamento de Ágave el más paradigmático ejemplo de este tipo

---

20 T. Lucrecio Caro, *De la realidad. De rerum natura*, A. García Calvo (ed.), Lucina, Zamora, 1997, libro III, vv. 476-483, pp. 246-247.

de ambivalencia en torno a la posesión alcohólica: «Dionisos nos ha arruinado y destruido, ahora lo comprendo».[21]

§ **21.** Así las cosas, el asunto que no quiero dejar escapar con relación al tótem posesivo del alcohol es que la sociedad de consumo favorece especialmente la privatización: pese a que el uso está muy extendido porque no pertenece a nadie sino, acaso, a quien lo explota comercialmente, el alcohol va a considerarse con el tiempo aquello que uno cree poseer a título individual y, por tanto, va a transformarse en un derecho particular positivo. Desde este prisma jurídico, el alcohol se confunde fácilmente con el ideal de la propiedad como criterio absoluto de valor: se bebe no porque otras gentes beban, sino porque lo que caracteriza a quien bebe es la creencia de que lo hace por sí mismo, por una inclinación personal, por disponer en propiedad de un derecho doble: sobre la bebida y sobre sí. Observo, por ello, que los alcohólatras arrastran los pesados y asfixiantes eslabones que conforman la cadena patológica de la autoconfianza o, como la llaman los popes del *coaching* y el *mindfulness,* autocreencia: consideran

21 Eurípides, *Bacchae,* en *Euripidis Fabulae, III,* G. Murray (ed.), Clarendon Press, Oxford, 1913, v. 1296 (traducción del autor).

que el alcohol les pertenece, de la misma forma que confían en su ser y en su persona, y no caen en la cuenta de que al discurrir de ese modo juzgan ilusoriamente ser dueños de sí mismos. Bien se ve aquí que, al igual que les pasa a quienes son obnubilados por el ensoberbecimiento y la vanidad, estas gentes se conducen con insolente arrogancia, lo que fuerza si cabe a prestarles una especial atención: nada hay más alejado de la razón que la superstición de la fe personal por la que se neutraliza el magnetismo que congrega a todo lo viviente.

En algunos de sus ensayos y en muchas de las tertulias del Ateneo de Madrid, Agustín García Calvo, basándose en su interpretación de algunos fragmentos del libro perdido de Heráclito, reparó sobre este hecho. No, ciertamente, sobre la persona alcohólatra, sino sobre lo propio o *ídion,* del que antes he dado las posibles traducciones de «propio de uno», «privado», «particular», y que remiten directamente al individuo particular que tiene la convicción de que su inteligencia es suya y es por ello dueño de lo que piensa, dice y hace. García Calvo opone lo propio a lo que es común, público y comunitario. ¿Qué es lo común y público? ¿Qué es lo que no tiene propietario ni dueño, ni nadie que pueda tratar de arrogárselo en exclusividad porque es de todos? En primer lugar, el lenguaje, que es de todos y, por tanto, no es de nadie. En segundo lugar, el pensamiento. Como el lenguaje, el pensamiento es común a todos, público y comunitario, y solo la pretensión de tener un pensamiento propio vuelve a los hombres extraños e irracionales.

Este mundo, a pesar de tener una estructura lingüística y, por tanto, pública y común, muchos son incapaces de entenderlo: los individuos particulares, conscientes y seguros de sí mismos, olvidan que lo que habla a través de ellos es el sistema de su lengua, el cual, formando parte del pensamiento, configura y condiciona a la gente indefinidamente plural. Por eso, defiende García Calvo, hay que seguir el derivado culto de *ídion, idiótēs,* y su rápida difusión entre las capas populares, donde el sujeto particular se ha convertido en «idiota», revelando lo que las gentes sienten sobre el asunto.[22]

§ 22. Si convenimos que quien tiene fe porque solo cree en sí mismo y únicamente confía en su persona es, como un odre lleno de presunción y vanidad, idiota, ¿cabe juzgar la fe que el alcohólatra tiene en sí y en su derecho sobre el alcohol como idiocia?

22   *Cfr.* A. García Calvo, *Lecturas presocráticas II. Razón Común: edición crítica, ordenación, traducción y comentario de los restos del libro de Heráclito,* Lucina, Zamora, 1985, p. 36; y *¿Qué es lo que pasa?,* Lucina, Zamora, 2006, p. 126.

La referencia a la idiocia es relevante por lo ilustrativa que resulta para mostrar la fuerza del alcohol, su magnetismo y la atracción que ejerce sobre las gentes, mesmerizadas por los efectos seductores de la botella. A este respecto me parece cuando menos relevante el análisis que Gregory Bateson realiza de la dipsomanía desde la perspectiva de la teoría de sistemas en su artículo «The Cybernetics of "Self": A Theory of Alcoholism», publicado hace ya algún tiempo en la revista *Psychiatry*. Dejando a un lado los problemas epistemológicos y ontológicos que aborda, quizá lo más interesante para mi estudio estriba en su marco conceptual: una investigación de la adicción al alcohol a partir de los datos de la única asociación que, masivamente, ha tenido un éxito notable en su lucha contra el alcoholismo: Alcohólicos Anónimos (AA). El decálogo de AA, condensado en sus doce pasos hacia la sobriedad, comienza con las siguientes premisas:

1. Admitimos que éramos impoderosos ante el alcohol, que nuestras vidas se habían vuelto incontrolables.
2. Creemos que un Poder superior a nosotros mismos podría devolvernos la cordura.[23]

23   G. Bateson, «The Cybernetics of "Self": A Theory of Alcoholism», en *Psychiatry*, 34 (1971), p. 3 (traducción del autor).

Al contrario de quien cree tener poder sobre el alcohol —pues, como creído que es, no puede sino manifestar su idiocia cada vez que abre la boca—, la persona que ingresa en AA debe comenzar, de un lado, por reconocer su incapacidad ante el alcohol; y de otro, renunciar a la creencia en sí mismo. No obstante, la renuncia no es honrada, y lo que se pasa de contrabando es un desplazamiento o reubicación de la fe. Al menos, eso se colige toda vez que se llega a la segunda proposición del decálogo, donde textualmente se dice «creemos en un Poder superior a nosotros mismos». Lo que se exige a quien ingresa en AA es, por tanto, una subrogación de la fe: la creencia en sí que hace del alcohólico un idiota se subroga en la creencia en un poder superior. No obstante, este poder superior deja intacto aquello de lo que aquí se trata, la creencia, que desde uno mismo se dirige hacia otra cosa para terminar recayendo otra vez sobre sí, lo que, dicho sea de pasada, constituye un caso de libro de lo que en ciencia política se denomina gatopardismo.

Pero vuelvo tras esta breve digresión a la cuestión planteada al comienzo del epígrafe, esto es, la que inquiere sobre si las gentes alcohólatras, no alcohólicas, manifiestan su idiocia al creer en sí y en el derecho que detentan o, más bien, suponen detentar sobre el alcohol. Quizá no esté de más recordar que «alcohólatra» es un término genérico: hay diferencias específicas que incluyen gradaciones de intensidad que, probablemente, solo pueden expresarse a partir de un análisis preciso de sus particularidades. Esto me lleva a anotar una diferencia crucial respecto al alcohólatra, pues no es lo mismo beber sin participar en la creencia de que cada particular sabe lo que se trae entre manos cuando se echa mano de la botella que hacerlo al revés, o sea, exaltando el ser propio de cada uno en la convicción de que el mundo es suyo y de nadie más. Con harta frecuencia ambas instancias se identifican, si bien su hipotética interdependencia es fingida: el primero, escéptico militante, es un descreído; el segundo, autoafirmándose en su propia persona como si de ella dependiera la realidad toda, un idiota. Por tanto, investigar si entre el alcohólatra descreído y el idiótico hay ruptura o gama de intensidades requiere no ya de algo afín a una escrutadora atención, sino de un entendimiento interno de la conducta del *sapiens*. Es decir, que, si cabe encontrar alguna diferencia entre quien bebe consciente de su propia contradicción constitutiva y quien lo hace porque, seguro de sí mismo, considera que al tomarse un coñac muestra las reglas que llevan hasta el triunfo individual, la emprendeduría o cosas así, hay que buscar esa diferencia justamente en la confusión que aqueja a quien, a partir de la fe en sí, cree en la hipotética superioridad que le confiere el alcohol. Lo que ahora quiero investigar son, por tanto, los problemas psicológicos y epistemológicos derivados de las insidiosas creencias afirmativas que caracterizan a algunas de las gentes alcohólatras a las que me estoy refiriendo.

§ 23. Uno cree en muchas cosas, algunas muy generales (como que el futuro será idéntico al pasado y siempre a la noche seguirá la aurora), otras más concretas (como que el prestigio de la ciencia reside en su capacidad de transformar lo real). Y es que cuando actuamos y nos movemos reposamos en las creencias de la regularidad de la naturaleza, aunque estrictamente no estemos legitimados para hacerlo. Estas creencias, aunque no sean sancionadas por el criterio empirista de validez o significación, son pragmáticas: ayudan a vivir sin calcular ni temer excesivamente. Otra cosa bien distinta es la creencia perniciosa que se funda en la confianza personal, que es la que ostenta el trepa, el arribista, el sinvergüenza. Estos tipos humanos son quienes pretenden someter a los demás a la ilusión de rebaño, a los hábitos de los emprendedores altamente efectivos y a su autocomplaciente normativa ética. Y es que, en cuanto las vivencias de muchos se reglamentan con una selección de las creencias de unos pocos, se imponen exhortaciones regulativas, definitorias y excluyentes bajo el pretexto de velar por el mantenimiento de la conducta debida cuando, en realidad, lo que hacen es institucionalizar formas simbólicas de opresión. ¿Y no es esto lo que ocurre con el alcohólatra idiótico, a saber, que tras configurarse la asociación correlativa «ingesta de alcohol-posición social» se le identifica con el arquetipo del poder y del éxito? ¿Podría explicarse desde aquí por qué el beber es una constante antropológica en territorios occidentales? Pero ¿realmente el alcohólatra engreído puede oprimir a los demás a partir del culto a su persona y la expansión de su ortodoxia embriagadora?

Para responder a estas preguntas voy a fijarme, a la sazón, en la parafernalia que se sigue de la ceremonia del vino por tenerla más a mano, pero lo mismo podría hacerse con la del whisky, el gin-tonic o cualesquiera otros licores que uno tenga a bien investigar. Con «parafernalia» me refiero, concretamente, a los ritos estereotipados que caracterizan su ingesta, divididos en tres fases —visual, olfativa y gustativa—, precedidas, no obstante, por la formalidad de la selección, de cuya regularidad inmutable depende todo: si se van a catar varios vinos, cuántas copas hay que preparar; cuál es el tiempo de envejecimiento en barrica y de qué añada; qué vino marida mejor con qué plato; cuál es el equilibrio óptimo entre alcohol y acidez; etcétera. La posesión de estos conocimientos comporta alguna forma de poder sobre la cosa misma y sobre quienes participan en el ritual alcohólico, que no por azar componen la capa más compacta de los elegidos a participar en los exclusivos banquetes de la tribu: basta comparar la pretendida pureza de este ritual con las circunstancias sociales que rodean al botellón para hacerse una idea cabal de los contrastes entre uno y otro.

A primera vista, el *connaisseur* que oficia de sacerdote báquico encarna por derecho la figura de alcohólatra idiótico: un pedante recubierto de un hollejo tan fino que se infla con gran facilidad porque se apoya en sí mismo, en su condición privada y particular. No obstante, es preciso señalar que no es tanto el arquetipo sacerdotal del perito en asuntos enológicos aquel en el que hay que reparar: son las propiedades que socialmente han sido proyectadas en el ritual del vino las que se vuelven contra quienes han transmitido sus conocimientos y han cedido parte de su poder a ese mismo rito que ahora se les impone retroactivamente. Por decirlo de otro modo: que ese tipo humano engreído que ora agita levemente la copa, ora introduce la nariz en el cáliz, ora escupe o traga el vino, esté aureolado por un inconmensurable prestigio se debe a que, previamente, se le ha otorgado al ceremonial del vino un valor preponderante en las relaciones sociales. Con esta «transferencia» pasa lo mismo que con los *idola fori,* esto es, con esas palabras que indican cosas que no existen pero que socialmente se estiman por encima de cualesquiera otras: mercado, ley, Estado, dinero, dios…, cosas, todas ellas, en las que se proyectan las creencias que, mágicamente, sostienen las relaciones de producción dominantes en el mundo occidental. Que esas cosas se impongan como tótems ante los que uno se rinde o tributa los más sacrificados honores viene precedido por el valor inflacionario que previamente se ha depositado en ellas. No otra cosa sucede, por cierto, con el culto al alcohol. Al hacer de él un fetiche se hipostatiza, es decir, se le transfiere una fuerza y unas cualidades sobrenaturales que luego se vuelven contra quien ha realizado la transferencia. ¿Quién es ese sujeto particular? ¿Qué persona o grupo deposita en las bebidas destiladas esa colección de propiedades sustanciales que luego se revuelve contra ella o él? En el caso que nos ocupa, el mundo occidental, es el tejido social en su conjunto el que dota de un valor arbitrario al alcohol, haciendo de él un objeto mágico y numinoso con capacidad de someter, dominar o enajenar.

Quizá ahora se entienda mejor este asunto: el ascendiente del alcohólatra idiótico es fruto no de mérito alguno de esa persona singular que tanta fe tiene en sí misma; es, más bien, resultado de transferir al alcohol una amplia gama de creencias intangibles, como por ejemplo el prestigio, la influencia o el éxito. Desvelado el pequeño enigma que encierra la veneración de ese subgénero de consumidor alcohólico, me es dado afirmar lo siguiente: es el colectivo occidental en su conjunto el que asiste a la película del alcohólatra idiótico que se proyecta con una moviola tan vistosa como rudimentaria, pero que tiene, sin embargo, el poder de establecer y consagrar valores cualitativos entre las gentes.

§ 24. Los valores que se transfieren al rito mágico del alcohol configuran un espejo social en el que se mira quien moldea su ego a imagen y semejanza de una abstracción particular, no solo narcótica, también fuertemente nihilizante. El espejo nivela y aplana, y su reflejo distorsiona ese gran objeto exterior que es la realidad. Por ello, quien rehúye esta imagen —sea esta persona abstemia, alcohólatra descreída o lo que sea que uno llegue a imaginar—, se aleja de las vulgatas y se aproxima al escepticismo. Escéptico es quien se abandona a discursos limítrofes o a experiencias que son de todos pero que, al no tener un papel productivista e identificativo con el espectáculo social y su maldita vulgaridad, son censurados por el silencio, la desconfianza o la relegación.

El escepticismo trabaja con el material común, pero lo trata, bajo la hipótesis de la declinación epicúrea, de forma fugitiva. Lo que reclama no son instituciones, organizaciones, prácticas o dogmas, sino mitologías, músicas reveladoras, vivencias, textos e imágenes emocionadas, no estereotipos. Estas gramáticas radicales, ¿no están sometidas a una instancia categorial, la de lo poético, como reclama Yves Bonnefoy? La poesía emplea las palabras de otra forma, lo que suscita reacciones contrarias o sentimientos vertiginosos que inquietan a quienes rinden culto cósmico a las jerarquías. Porque la propietaria de la poesía nunca es la persona particular: es el lenguaje, que llega incluso a abolir el concepto de autoría y su voluntad consciente al sustituirlos por una actividad o pasividad oracular. La poesía no está contra la mercancía, simplemente no lo es.

Encuentro en la poesía un arcón de experiencias embriagadoras que no responden a la caracterización ofrecida anteriormente del idiota o engreído, sobre todo en el mundo clásico, pero no solo en él. «Muchacho: con el vino la verdad», canta el poeta por excelencia del vino y la vida que, antes que Anacreonte, es Alceo.[24] El vino constituye, para la poesía europea, el mediador líquido con el que se construye un discurso que va de la soledad a la solidaridad. De ahí, quizá, la recomendación de ese gran consumidor de poesía grecolatina que fue Baudelaire: para

---

24 *Líricos griegos arcaicos,* J. Ferraté (ed.), Acantilado, Barcelona, 2000, § 31, p. 297.

no sentir la horrible carga del tiempo, nada mejor que emborracharse sin descanso. Lo único relevante es estar ebrio, todo se reduce a esto. *Enivrez-vous.*[25]

La exhortación de Baudelaire señala el exceso y la desproporción que afectan a algunas de estas gentes a las que me referiré como «alcohólatras escépticas», pues también animan a beber a chorro de la copa en la que se ha escanciado el vino hasta perder el juicio con el propósito, quizá, de atenuar los sinsabores de una vida efímera o pasajera. Efectivamente, no hay que deducir erróneamente que en lo tocante a la figura del alcohólatra escéptico todo son perfumes, aceites, sándalo y música de violines. En absoluto: aunque aquí se sospecha de todo, pero, principalmente, se desconfía de uno mismo en virtud de la contradicción constitutiva de cada cual, el caso es que se bebe, aunque sea esporádicamente. ¿Por qué? En un primer nivel podría asegurarse que, ya que el ocio está tan unido al consumo y la producción, la inclinación al alcohol es ya una manifestación más

25 C. Baudelaire, *Petits poèmes en prose (Le Spleen de Paris),* Éditions Garnier Frères, París, 1956, § 33. Apunto de pasada lo que podría ser el argumento de un trabajo por venir: la relación entre poesía y vino en los países iberoamericanos. ¿Es puramente casual que uno de los mayores productores vitivinícolas del continente americano, Chile, sea a su vez el territorio que más poetas deslumbrantes ha dado a la lengua castellana?

del *ethos* económico contemporáneo. En un segundo nivel, creo que es posible señalar en otra dirección: al beber, las gentes escépticas sencillamente se sienten de mejor humor, gozan por la disminución transitoria de los problemas con los que deben lidiar a diario o simplemente se deleitan con un sabor que en su memoria se ha grabado junto a otros reforzadores positivos de la conducta. Por eso, aunque haga de la duda su capa y su sayo, la persona escéptica se alinea indefectiblemente con el pajarero Papageno cuando afirma sin rubor que el placer más celestial lo constituye un buen vaso de vino.

§ 25. ¿Es posible sostener que los alcohólatras escépticos desconfían doblemente: como escépticos, de su propia persona, pero, como alcohólatras, de los rituales y estereotipos que rodean al alcohol? Vayamos por partes. En primer lugar, ¿qué es lo que convierte al escéptico en un escrutador salvaje de sí mismo y, finalmente, en un tipo humano desconfiado que duda de todo, hasta de su propia identidad? Escéptico es quien aguza la mirada con la que se examina una cosa, se delibera sobre un asunto o se contempla el espectáculo de la realidad. De esta «supervisión» surge tanto la facultad abstracta para oponer lo percibido a lo pensado como la capacidad de análisis de un problema cualquiera; también, una duda con la que desocultar las falsedades sobre las que se asienta el orden de lo real. La persona escéptica es, de este modo, aquella obstinada en examinar cuidadosamente todas las cosas que encuentra a su paso, incluidos los matices más oscuros de su yo, sus secretos inconfesables o las tinieblas que proyecta su personalidad. ¡Ay del hombre, sueño de su misma sombra!

En segundo lugar, alcohólatra escéptico es aquel que suspende el juicio frente al alcohol. Nótese, sin embargo, que «suspensión» no es sinónimo de alejamiento, rechazo o supresión. Como Bartleby, que suspende el juicio con su inmortal «*I would prefer not to*» sin dejar de realizar con celo sus otras tareas de amanuense, el alcohólatra escéptico deja en suspenso, en un abismo de indeterminación, la creencia en los rituales del alcohol. No obstante, ello no le impide consumirlo de vez en cuando. ¿Por qué? ¿Porque sigue algún dictado externo? ¿Quizá por prescripciones históricamente enraizadas en la cultura occidental? Este último argumento no debe rechazarse a la ligera. ¿No receta una autoridad médica de tanto peso como Hipócrates agarrar caña al menos una vez al mes? Un tipo adusto y severo como Catón el Viejo, enemigo de Escipión el Africano y censor de filósofos, ¿no recomienda el vino de mirto como remedio contra la indigestión, la pleuresía y los cólicos? Otro médico notable, Rufo de Éfeso, ¿acaso no sostiene que en determinadas ocasiones el alcohol reconforta el alma pues, no por casualidad, es un remedio contra el desconsuelo? ¿Y el gran Galeno no escribe que, si bien el vino es desaconsejable en la infancia, resulta muy útil en la vejez? No es imposible, por tanto, que los alcohólatras escépticos sigan bebiendo para demostrar pertenencia a una cultura en la que el alcohol goza de antiguo pedigrí y respeto.

Sea de ello lo que fuere, las gentes alcohólatras, en su vertiente escéptica, experimentan una gran desazón cuando, al tratar de dar cuenta de su relación con el alcohol, viven en continua contradicción con su propósito de dejarlo para siempre. Y es que, así como el derviche vive su experiencia como la manifestación de una particular e irrepetible inclinación de su eje, estas gentes tan escrupulosamente desconfiadas buscan embriagarse sin convicción o, en muchas ocasiones, por pura inercia. Ciertamente la persona alcohólatra escéptica hace del alcohol tanto un destino como un deber, con frecuencia por gusto, pero las más veces atraída por el campo gravitatorio de la botella, que entreteje líquidos hilos entre una y otra.

Control

§ 26. El alcohol es, sobre todo y principalmente, un disolvente de los mecanismos psicológicos de control en el *sapiens:* parece, sí, que un córtex prefrontal macerado en *fernet* hace que un individuo pierda el dominio de sí al tiempo que emborrona sus respuestas conductuales y bloquea su capacidad inhibitoria. ¿A alguien le es dado introducir dispositivos de regulación sobre sí o sobre alguna cosa y, además, hacerlo libremente bajo los efectos deletéreos de la embriaguez? Es difícil precisar en qué condiciones el alcohol atenúa o incluso anula los mecanismos de control o, más exactamente, de autocontrol en los sujetos, debido al modo peculiar por el que confunde al sistema cognitivo: así como hay gente que mantiene la compostura hasta el último trago, hay otra a la que una sola copa se le sube a la cabeza y vive esa experiencia vertiginosa con angustia, como si un golpe le hubiera alcanzado en toda la mandíbula. Puro impacto.

En cualquier caso, creo que sería de alguna ayuda comenzar distinguiendo entre control y Control, es decir: entre la acción por la que un sujeto fiscaliza o inspecciona y, por tanto, ejerce alguna forma de dominio sobre sí mismo, sobre otros o sobre lo real, y el Control con mayúscula, que es el poder que despliega no un sujeto, sino algo abstracto sobre los miembros de una colectividad cualquiera. Es el solapamiento, el punto de fusión entre control y Control *(c-C)* lo que merece aquí una atención especial. Principalmente porque, según la hipótesis que propongo, gracias a ese doble control *(c-C)* una autoridad todavía por determinar —«algo»— se sirve del alcohol para instrumentalizar, dominar y desubjetivar no a este u otro grupo, no a una comunidad, tribu o clan particulares, sino a las gentes de Occidente en su totalidad.

§ 27. ¿Qué es el control? Inicialmente, una praxis, una actividad por la que se consigue que algo o alguien se comporte según un programa determinado. En este sentido, hay sistemas de control que van desde modelos muy básicos —un termostato que regula la temperatura de un radiador— hasta múltiples —el movimiento de un robot configurado según el modelado dinámico de mecanismos flexibles—.

En el *sapiens* los sistemas de control son adaptativos y, por tanto, muy complejos. Quizá el primer contacto con el control es fisiológico: se aprende a controlar la motricidad, los aparatos urinario y excretor, el hambre, el llanto, el trazo. En un estrato germinal el control está ligado al cuerpo: cada cual debe controlar su cuerpo de acuerdo con las estructuras determinadas por una comunidad o grupo. ¿Cómo lograrlo? A través del dispositivo por el que las colectividades integran la diferencia, a saber: la domesticación. Efectivamente, las culturas introducen medios variados con los que mitigar, aplacar o moderar los instintos y deseos, las pasiones, inclinaciones o pulsiones corporales, pero también el miedo que causa la realidad en estado bruto, o sea lo desconocido. En esta fase inicial, controlar significa desplegar un repertorio de estrategias de autodominio conforme a pautas sociales asignadas.

Hay, no obstante, momentos en los que no es el sujeto quien «se» controla, sino una instancia externa que se sirve de otros medios, menos evidentes y, por ello, difícilmente aprehensibles. Hoy, ¿constituyen los canales de YouTube y sus *influencers,* la PlayStation, los *trolls* y *haters* o los estereotipos que se cuelan por Instagram, X, TikTok, Tinder, etcétera, modos efectivos de ejercer el Control (remoto) sobre las gentes? En nuestros días, la tecnología digital binaria sirve de soporte a quienes controlan a través del marketing, la publicidad o la creación de valores por comparación (prestigio, lujo, éxito, etcétera). Con ello logran el objetivo de hipnotizar a las masas con discursos chatos, groseros, xenófobos en ocasiones, estereotipados. Gracias a esa tecnología se fabrican en cadena individuos normalizados, a quienes se controla porque no solo actúan como se espera de ellos de acuerdo con fantasías maníacas disfrazadas de turismo, ocio, sensación de libertad y otros reflejos condicionados delirantes, sino que incluso se logra que esos individuos a los que me refiero sueñen de forma predeterminada. Las redes sociales, los videojuegos, la telebasura…, las formas contemporáneas de entretenimiento, en definitiva, reprograman la subjetividad original, plural y diversificada y, en pocas palabras, conforman sujetos constituidos como un yo gregario en todos los sentidos, incluso en su cobardía.

Encuentro, sin embargo, en la fase de doble control *(c-C)* la clave de una modalidad inédita de dominio, por cuanto los controlados obedecen voluntariamente, es decir, adoptan por sí mismos el contenido del mandato del poder. En este punto cabe preguntarse: ¿es el alcohol uno de esos canales de doble control *(c-C)*? De ser así, ¿por qué si el espíritu del alcohol produce tanto desorden y descontrol puede, al mismo tiempo, servir para el ordenamiento y control de los muchos? Lo que estoy planteando tiene su miga porque con el alcohol se da una circunstancia que no hallo en otras formas de dominio. Veamos.

Si se admite temporalmente la hipótesis de que la embriaguez, vicio grosero según Montaigne, funciona como una interfaz entre sistemas de control y seres humanos, uno se encuentra con la paradoja de que el medio por el que se quiere regular la conducta, el consumo de alcohol, coincide con el fin que se desea por encima de todo: el consumo de alcohol. Ahora bien, cuando medio y fin coinciden propiamente hay armonía, fusión de opuestos, perfecta concordancia. De hecho, si uno logra abstraerse y pone entre paréntesis el tema que plantea este opúsculo, se tiene la sensación de estar acariciando esa unidad que, al menos desde Tales de Mileto, tanto fascina al hombre occidental.[26] Obsérvese, no obstante, que la cosa cambia sustancialmente cuando esa unidad es proyectada sobre una enorme pantalla de ebriedad: «Bebo cuando quiero, lo tengo bajo control», (se) repite la persona alcohólatra. En el fondo, sucede más bien al revés, y no es sino el alcohol el que le

---

26 Michel Serres ha escrito sobre esto un ensayo ciertamente iluminador. *Cfr.* M. Serres, *Genèse*, Grasset, París, 1982, *passim*.

tiene tomada la medida a uno, aunque solo sea como pretexto para evadirse temporalmente de lo que más le constriñe. Y es que, si en los asuntos alcohólicos medio y fin coinciden, ¿cómo sustraerse a ese gran factor de síntesis embriagador?

§ 28. Me parece oportuno revisar las reflexiones de Gilles Deleuze inspiradas libremente en *La revolución electrónica* de William Burroughs a propósito de lo que denomina sociedades de control.[27] Para Deleuze, las sociedades de control son aquellas en las que la publicidad, la comunicación digital, el marketing o el *big data* han sustituido a las cárceles, las escuelas, los talleres, los psiquiátricos, las fábricas, los orfanatos o las comisarías, es decir, todos esos lugares de reclusión que conforman una topografía del poder a la que Michel Foucault se ha referido como sociedad disciplinaria. En las sociedades de control se produce, a la inversa, un traspaso de las funciones coactivas: si en las sociedades disciplinarias el Estado detenta el monopolio de la fuerza, impone programas represivos ejecutados por funcionarios ejemplares y domina por el simple hecho

27   G. Deleuze, «Post-scriptum sobre las sociedades de control», en *Conversaciones 1972-1990,* J. L. Pardo (tr.), Pre-Textos, Valencia, 1999, p. 277 y ss.

de administrar, regir o gobernar alguna cosa, en las sociedades de control son los mismos individuos los que generan sus propios instrumentos de coacción. Sin embargo, y a diferencia de lo que sostiene Deleuze, la violencia propia de otras sociedades (soberanas, disciplinarias, autoritarias, etcétera), lejos de desvanecerse adopta múltiples formas en las sociedades de control actuales: la economía de mercado convive con y se nutre de los mismos sistemas informáticos que alienan a los sujetos; el aparato legal hace uso de la criptografía asimétrica, los sistemas de reconocimiento facial, los *bots* o el *machine learning;* los ministerios de Defensa siguen actuando conforme a lo que en la neolengua estadounidense se denomina *rendition,* o sea, la práctica de transferir a un sospechoso de terrorismo a un país sin ningún tipo de protección legal con el fin de torturarlo; etcétera. Es cierto que las fábricas han sido reemplazadas por las empresas, pero estas han sido reemplazadas a su vez por entidades depositarias, sociedades *offshore* y fondos de inversión (IIC) que producen continuamente esquemas de despojamiento y dominio. En un mundo de usuarios y consumidores, las posibilidades de control se desbordan.

Obsérvese, no obstante, lo sucedido al hilo de la clausura forzada por la peste de la COVID-19. ¿Se ha tenido que desplegar una violencia estructural para obligar a que las gentes teletrabajen desde sus casas? Pero ¿qué es el teletrabajo sino una forma de doble control (c-C) en la que la coacción externa, antes ejercida desde una jerarquía fabril, gremial o estatal, se ha diluido hasta el extremo de que es el sujeto el que se autoimpone su propia carga laboral? Es cierto que el teletrabajo se ha consolidado gracias a una retícula de mandatos externos que tienen en el «estado de alarma» declarado por real decreto su manifestación más acabada. Sin embargo, no ha sido necesario recurrir a la fuerza bruta para encerrar a millones de personas como ganado que se mete en el corral mientras, por otra parte, se seguían ejecutando dócilmente las tareas consignadas. Dicho en palabras de Anson Rabinbach, el trabajo físico ha sido reemplazado por imágenes adhesivas, por la comunicación digital y los sistemas cibernéticos de autorregulación.[28]

§ 29. Dejando un poco al margen la cuestión del teletrabajo, hay que advertir que la fusión entre la violencia que se ejerce sobre sí y el ejercicio del poder externo —rasgo definitorio del doble control (c-C)— es un antecedente remoto del autodominio

28 A. Rabinbach, *The Human Motor. Energy, Fatigue, and the Origins of Modernity,* Basic Books, Nueva York, 1990, p. 46 y ss.

prefigurado, conceptualizado y proyectado por los filósofos griegos. En concreto, la escuela de pensamiento que más cerca se sitúa del poder fáctico y real, el estoicismo, expresa con claridad esa pulsión violenta que late en el interior de cada cual y con la que es posible domesticar los afectos y enseñorearse de las pasiones. En efecto, la Stoa antigua establece una relación rigurosamente asimétrica entre racionalidad y afectividad: la razón será el dispositivo con el que someter, dominar y controlar las pasiones. Pero ¿por qué, precisamente, las pasiones? Porque los sentimientos, afectos y emociones, o sea, los distintos términos a los que el concepto *páthos* apunta, provocan en la psique un movimiento tormentoso y desenfrenado que Zenón, por cierto, compara con el vuelo ciego del pájaro aterrorizado. De ahí que haya que controlarlas y, caso de que sea necesario, extirparlas: de lo contrario, podrían desarrollarse sin freno. En efecto, al igual que el corredor en una pendiente descendente, en contraste con el caminante, pierde el control sobre los movimientos del cuerpo, una razón que se deja llevar por la pasión no es capaz de ponerle límite o medida.

En este punto, me parece importante destacar el siguiente aspecto de la psicología estoica: a pesar de las divergencias internas de la escuela, hay algo en lo que coinciden Zenón, Cleantes y Crisipo, pero también Séneca, Epicteto o Marco Aurelio, a saber: que las pasiones son enfermedades, y el que vive con un alto nivel de exigencia moral debe, por consiguiente, eliminarlas. Como se aprecia, la criminalización de las pasiones del estoicismo es tajante y, aunque viene de lejos, llega soterrada hasta nuestros días. ¿Cómo, si no, habría que interpretar la proliferación de gurús, psiquiatras, entrenadores personales y demás profesionales de la amortiguación de lo pasional? ¿No representan los confortables confesionarios de los gabinetes terapéuticos un espacio —un «teatro»— en el que cristalizan los sistemas de doble control *(c-C)*?

Como decía, las pasiones constituyen para el estoicismo el peligro más grave para la autodeterminación de la razón, para la conducta moral del ser humano y, en definitiva, para el autocontrol. El inmenso poder que esta escuela concede a la violencia ejercida sobre uno mismo predominará hasta tal punto y se hará oír con tanta intensidad que desbordará el plano meramente filosófico y, fusionada con algunos postulados éticos del cristianismo, el odio a lo sensible, a las pasiones y emociones, se convertirá en dogma de fe.

§ 30. De modo, pues, que en las sociedades occidentales es propio del doble control *(c-C)*

1) ejercer una violencia interior-exterior, o sea, una fuerza coercitiva que es a la vez autoinducida y extrínseca;

2) producir individuos preprogramados de acuerdo con una lógica mercantil que aliena y extraña;

3) imponer, sirviéndose de la publicidad, los contenidos más enajenantes y banales, infantiles, superficiales y, *last but not least,* de mal gusto —contenidos, por cierto, digeridos y asimilados acríticamente—; y

4) lograr que los sujetos se autocontrolen, bien por sí mismos, bien con la ayuda de los «profesionales» de lo mental, bien por la administración de psicofármacos.

Así, cuando el doble control *(c-C)* se extiende no es necesario amenazar con castigos corporales ni crear espacios de represión, ni tampoco intimidar a las gentes desplegando una violencia brutal: cada cual se constituye como un espacio corporativo en el que lo decisivo, lo realmente revelador, es el ejercicio voluntario de una fuerza salvaje sobre sí.

El desplazamiento desde un exterior autoritario a una intimidad constrictiva supone, por tanto, la clave de bóveda de las sociedades de doble control *(c-C);* o de otra forma, si se prefiere: la cuestión que aquí importa subrayar es la de cómo se pasa del dominio directo sobre el otro a la coacción sobre sí asumida blanda, plásticamente.

§ 31. ¿Dónde hallar esa intimidación interior, esa suerte de autocoerción abstracta en el alcohol? ¿Tal vez en el Glühwein que conforta de los rigores del invierno alemán? ¿En el hada verde a la que canta la poesía decadentista? ¿En la sangría inmortalizada por Lou Reed en *Perfect day*? ¿Cuál es el nexo de estas dos asíntotas que parece que nunca se encuentran si no es, acaso, en el infinito? La comparación de un campo de dominio con un campo de ocio es confusa. Y sin embargo es ahí, precisamente, al traspasar las convenciones, que el uso común y cotidiano parece presuponer que se llega a vislumbrar las costuras con que se cosen uno y otro ámbito. Una vez penetrado el umbral, no resulta difícil entender que se bebe alcohol como se tiene una hipoteca, se trabaja, se emparejan las gentes, se participa en un triatlón o se va de compras. ¿Qué fuerza a alguien a obrar de un modo tan normativo, previsible, determinado? Las causas extrínsecas son inabarcables y los tópicos sobre la industria especializada en producir individuos adictos al consumo compulsivo que se retroalimentan de su nauseabunda trivialidad, ya muchas veces escuchados y por tanto consabidos.[29]

29 Me remito, en todo caso, a dos ensayos que abordan estas cuestiones con rigor: R. Sánchez Ferlosio, *Non olet,* en *Ensayos IV: QWERTYUIOP,* Debate, Barcelona, 2017; y Ch. Maillard, *¿Es posible un mundo sin violencia?,* Vaso Roto, Madrid, 2018.

Solo añadiría que esos tótems del comercio humano (trabajo, matrimonio, hipoteca, deporte, etcétera) funcionan como un todo articulado por el movimiento concertado de sus partes. Son, de alguna manera, círculos concéntricos o anillos sebaldianos muy difíciles de percibir que aherrojan y comprimen hasta asfixiar el núcleo alrededor del cual orbitan. El alcohol, por descontado, es uno de los anillos de esa trama total.

El asunto, que me parece no tanto imperioso como alarmante, se cifra en atender a las causas internas que provocan el que alguien se unza al yugo o, ya puestos, al «yoga» del alcohol. Para ello hay que volver sobre la pista de esa «x» gramatical que indeterminadamente comprende todo lo que es o puede ser, pero que no se sabe o a propósito se calla: el «algo» que controla con el alcohol. ¿Qué es ese algo? ¿El mercado de la ideología neocon? ¿Una propiedad trascendental de las llamadas de cuarto modo? ¿Una cosa pequeña o de corta entidad? Nada de eso. En el terreno alcohólico al que aquí se presta atención, «algo» remite a su vez a otro pronombre indefinido, «una» o «uno» que es, en última instancia, lo que sobredetermina a las gentes y las lleva a echar mano casi sin excepción de la botella. ¿Qué quiere decir entonces que «algo», «una» o «uno» controlan por medio del alcohol? En realidad, la respuesta se encuentra prefigurada en lo explicado en los epígrafes anteriores. Veamos por qué.

En principio, parece muy verosímil que se piense en complots internacionales, planes maquiavélicos orquestados por el Foro de Davos, manos invisibles dominando desde las profundidades de Wall Street o cosas por el estilo, y uno considere que va a enfrentarse con titulares del tipo: «Los gigantes transnacionales de las bebidas espirituosas aumentan sus exportaciones a los mercados en vías de desarrollo»; «la Unión Europea autoriza la utilización de alcohol etílico y destilados de origen agrícola en las bebidas alcohólicas presionada por el *lobby* de la industria cervecera»; «la megafirma AB InBev se hace con la explotación exclusiva de la cachaza en Brasil»; etcétera. No obstante, el asunto responde a algo aparentemente superficial, pero, al cabo, profundamente insondable como es la adquisición de hábitos, valores y pautas de conducta a través de la interacción social. Ciertamente las grandes firmas internacionales, así como las haciendas públicas, bolsas y mercados, extraen un beneficio económico del alcohol. Pero la explotación y granjería de bienes alcohólicos responde a su vez al modo en que las pautas de conducta se van conformando en su relación con el medio. Y es que cada cual es lo que se le hace ser al grabársele a fuego modelos de conducta por una doble vía: no solo a partir de la imitación del otro que Clément Rosset denomina «identidad de préstamo»,[30] sino también a través de la influencia y presión que ejerce el entorno social. La confluencia entre lo social y la identidad de préstamo crea un modelo, un arquetipo que los sujetos de las sociedades occidentales imitan. Es ese modelo el «algo» que confiere al alcohol tan alto valor subjetivo que las gentes particulares no pueden sino quedar atrapadas en la pegajosa tela de araña urdida por la bebida.

Reforzado positivamente el alcohol por la todopoderosa publicidad —pues, en última instancia, es ella la que, al identificar las bebidas alcohólicas con la belleza, la juventud o las vacaciones, apuntala la circularidad de la relación entre lo que se desea y lo que se consume—, resulta casi imposible que no se beba: no caer en el alcohol exige de los miembros de una colectividad atención, tenacidad, constancia. ¿Quién dispone del conocimiento teórico y práctico para contrarrestar la enorme presión ejercida?

---

30 Cl. Rosset, *Loin de moi. Étude sur l'identité*, Éditions de Minuit, París, 1999, p. 41 y ss. Rosset influido en este punto por René Girard, entiende que la identidad se elabora a través de la mímesis, es decir: los seres humanos forjan su personalidad a medida que van copiando y asimilando aquellas conductas que ven en los demás. La identidad de préstamo es, por tanto, la única «identidad verdadera» (*vid. infra,* nota 34).

Con el alcohol hay que usar del reconsejo, como señala prudentemente Gracián: volver a pensar y repensar las cosas, no sea que ese cóctel que se le ofrece a uno en copa María Antonieta aspire secretamente a la degradación, la manipulación, el dominio. Es parte del juego: la *Realpolitik* de la ebriedad exige obediencia, acatamiento, sumisión a lo establecido o estipulado. Y claro que el objetivo inicial de quienes gestionan el opíparo negocio del alcohol no es el control, tampoco el descontrol ni mucho menos el autocontrol. Pero, comprobada la facilidad con la que puede ser excitada o anulada una masa alcoholizada, ¿por qué renunciar a administrar sus creencias, comportamientos y actitudes? ¿Por qué no confundir sus deseos más íntimos con la programación de los mismos anticipadamente? ¿Por qué, en definitiva, no ejercer un Control en diferido sobre esas gentes propiciando su consumo a granel? Cuanto mayor es el protagonismo del alcohol, más aumenta la probabilidad de ser uno magnetizado por el poderoso atractor de la embriaguez y su etílica propaganda.

§ 32. En este sentido, no deja de ser interesante detenerse siquiera de pasada en cómo la industria del entretenimiento, gran catalizadora de valores y arquetipos cualitativos, idealiza el alcohol hasta el punto de resemantizar la estupidez, la falsedad, el torpor, la codicia o la violencia, identificados ahora con lo placentero, lo bueno, lo mejor. Son estos valores los que se ensalzan entre las gentes más jóvenes (pero no solo entre ellas), se imitan y normalizan. En concreto son el cine y la música, fábricas creadoras de sentido junto con las inanes redes sociales, las que asocian la ebriedad con el éxito, el lujo o la intensificación del placer sexual. En efecto, los «modelos» cinematográficos y musicales son proveedores de estereotipos: reúnen en un mismo punto las líneas divergentes de la intoxicación etílica, la sexualidad y el capital. Las gentes del común, deslumbradas probablemente por la claridad cegadora, pero falsa, de esa luz de relleno, se convierten muchas veces en consumidores de bebidas alcohólicas al identificar esos valores al servicio de la mercancía con el alcohol.

Equiparar el alcohol con el gran productor de riqueza que es el dinero ni es nuevo ni escandaloso, como tampoco lo es poner por las nubes la bebida. Para mi estudio, no obstante, es relevante señalar la relación de poder que, a través de esos modelos, se establece entre la bebida, el sexo y los códigos heteronormativos, conjuntos equipotentes por cuanto expresan que gracias al alcohol el deseo sexual masculino puede satisfacerse por completo. Es decir, que el sexo ilimitado, quizá uno de los paradigmas de la masculinidad que ni la bienintencionada ética de mínimos ni la pedagogía institucional han logrado atenuar, se logra a condición de que uno haya bebido, justamente, *free from all control,* sin límite, a lo loco.

Los entrelazamientos entre bebida, sexo y patriarcado ofrecen una pista (otra más) que confirma una sospecha varias veces enunciada: si el alcohol hace posible, de un lado, la relajación de las costumbres, la disminución del estrés acumulado o la euforia pasajera, de otro contribuye a seguir alimentando los clichés autoritarios y la tiranía de los estereotipos. Este es el trabajo ideológico del alcohol: libera a las gentes de la responsabilidad de comprometerse seriamente con los problemas sociales, políticos y económicos, especialmente los producidos por las fuertes tensiones, injusticias y sufrimientos que el capitalismo global crea por doquier.

§ 33. Vuelvo a retomar la figura del alcohólatra para estudiarla ahora bajo el prisma del doble control *(c-C)* en este singular tratado de alcohología. No es temerario suponer que la persona alcohólatra crea actuar conforme a su propio criterio y autonomía cuando lo que realmente sucede es que se comporta de acuerdo a un esquema diseñado por los creadores de espejismos; o sea, por los propietarios de sistemas mercantiles adictivos a escala planetaria que hoy se sirven de los medios digitales de comunicación computarizada, las redes sociales cibernéticas, los motores de búsqueda y los operadores booleanos para asediar el sistema nervioso y aumentar así su permeabilidad a la alienación. Y es que, como indica William Burroughs, el control depende del establecimiento de líneas de asociación porque las formas de poder disputan inicialmente entre sí, pero, en definitiva, se dan siempre la mano porque todas son una y la misma cosa.[31] El alcohol se convierte, de este modo, en un potente instrumento al servicio de la iniciativa privada y la empresa pública: ambas refuerzan el comportamiento y las definiciones normativas al tiempo que corrigen las desviaciones de esas normas. Que el alcohólatra pueda situarse en los márgenes es posible. No obstante, la doctrina neoliberal, con el proyecto de sociedad de mercado y la insaciabilidad de su industria productora de consumidores, elabora con el tiempo materiales más livianos e invisibles, materiales de los que resulta heroico desprenderse. Todo debe ser rígidamente controlado. El alcohol está ahí como una más de las técnicas de las que se sirve la razón calculadora para

---

31 W. Burroughs, *Electronic Revolution,* en *Word Virus: The William S. Burroughs Reader,* J. Grauerholz e I. Silverberg (eds.), Grove Press, Nueva York, 1998, p. 294 y ss.

regular la conducta por medio de la bebida. El poder como un acto, no de la palabra, sino de la ebriedad.

§ 34. Para la persona alcohólatra, el gran problema que quizá en algún momento le salga al paso es el de si es posible o deseable cortar esas líneas de asociación por las que se cuelan dispositivos de doble control *(c-C)*. ¿No tienen estas gentes momentos de inspiración, resplandores o destellos pasajeros? ¿La intuición, tal vez, de que otra realidad es posible? Me parece que hay un tipo de alcohólatra que se autoafirma orgulloso, hace un brindis al sol y conserva todavía la fe en el alcohol, la última zanahoria que se cuelga delante del burro para que siga andando hacia delante, es decir, «progresando», mientras el mundo se deshace en pedazos ante sus mismas narices. Esta modalidad de alcohólatra irreflexivo, emparentada con la idiótica estudiada anteriormente, me recuerda a esas yonquis que Angela Y. Davis contempla con estupor en la cuarta planta de la cárcel de mujeres de Nueva York: jóvenes físicamente deterioradas, llagadas, con hematomas, úlceras y manchas cutáneas provocadas por las sucias agujas hipodérmicas con las que se pinchan, y que a Davis se le aparecen como leprosas. Lo más sorprendente para la pensadora afroamericana es que, a pesar de ser conscientes de su propia autodestrucción, esas mujeres son incapaces de no pensar en volver a chutarse toda vez que cumplan su condena.[32]

De igual modo, esta variante irreflexiva de alcohólatra sigue bebiendo mientras haya con lo que beber y la música no pare porque las relaciones de producción y la potencia desbocada del mercado compriman en un embudo las posibilidades de acción de los sujetos que, sin calibrar exactamente lo que les pasa, se ven impelidos a seguir bebiendo. Por ello resulta primordial, cuando se quiere interpretar la conducta del alcohólatra, que se atienda a

1) las diversas esferas que corresponden a la infinita variedad de las relaciones entre particulares;

2) las entidades encargadas de explotar el alcohol; y

3) las normas objetivas que regulan las leyes internas de su consumo.

En todo caso, hay muchas alternativas, y no todo alcohólatra se mueve por la vida como si estuviese sedado con barbitúricos, antabús, clorpromazina o cualquier otro antipsicótico. De hecho, hay entre los alcohólatras quienes en algún momento se cuestionan acerca de la presión que el alcohol ejerce sobre su propia realidad. Es el caso del filósofo británico Roger Scruton. En su libro *Bebo, luego existo,* Scruton,

---

32 A. Y. Davis, *An Autobiography,* International Press, Nueva York, 1988, pp. 55-56.

alcohomaniac y paladín de la causa reaccionaria, sostiene que, si bien la sociedad en su conjunto es amenazada por sustancias tóxicas como el alcohol, la ausencia de esas sustancias constituye asimismo una amenaza para la sociedad.[33] Sin citarlo explícitamente, Scruton parece parafrasear la falsa homofonía del latinajo que proclama la identidad entre beber y vivir: *bibere vivere est,* donde la supuesta equivalencia fonética entre *vivere* y *bibere,* o sea, entre vivir y beber, se presta para el lector a confusión…, lo que, como sabe cualquier bachiller, no sucede en latín por cuanto la «v» se pronuncia /w/ y lo que uno debería oír es, por tanto, *bibere uiuere est.* De todos modos, lo relevante estriba en reconocer que si el alcohol puede amargarle a alguien la existencia, quien es capaz de autodeterminarse no tiene por qué sufrir los estragos que hace del alcohólatra irreflexivo un ser sumiso, ciego a lo que en realidad ocurre.

§ 35. Si lo que se busca es una representación de esta ambigüedad radical, de estos dos prototipos alcohólatras que reaccionan de manera tan distinta a los diversos dispositivos de doble control *(c-C),* tal vez *Los borrachos o el triunfo de Baco* de Velázquez llene

33   R. Scruton, *Bebo, luego existo,* E. Álvarez-Álvarez (tr.), Rialp, Madrid, 2014.

ese vacío. No es frecuente que en pintura se dé un contraste tan marcado entre lo infinito y lo finito, entre lo incondicionado y lo condicionado, entre lo sagrado y lo profano, contraste o antagonismo sobre el que teorizaron Jean Paul, los hermanos Schlegel y los románticos alemanes en general: a la izquierda, Dionisos y tres figuras coronadas con hiedra —¿poetas?—, viva imagen de la serenidad. Solo una de ellas bebe, y lo hace en una gran copa martinera: se trata, posiblemente, de un sátiro y, a diferencia de los personajes de la derecha, no aparecen en su fisionomía los rasgos de la ebriedad. Antes bien, está como ausente y contempla con cierto desdén la escena. De esa parte derecha de la imagen destacan tres caras. Una de ellas, la central, parece achispada; las otras dos muestran los signos reconocibles de la embriaguez. Comoquiera que sea, el cuadro reúne en unos pocos metros la autodeterminación que he atribuido a quienes son capaces de introducir en su alcoholatría momentos de reflexión y la indeterminación de quienes, muy al contrario, solo son capaces de libar el negro vino en honor a sus dioses etílicos.

De todos modos, quiero hacer notar de paso que el primer relato en el que se introducen con viveza los contrastes entre las gentes alcohólatras atendiendo a su capacidad de autodeterminación o indeterminación es, sin duda, el *Banquete* platónico. En este diálogo, en el que la satisfacción del deseo de belleza conduce al más alto grado de placer y felicidad —pues, como se sabe por la sacerdotisa de Mantinea, Diotima, la contemplación de la belleza en sí hace que la vida del *sapiens* merezca la pena ser vivida—, se introduce una importante distinción a propósito del alcohólatra: hay, de un lado, bebedores poderosos o fuertes y, de otro, bebedores impoderosos o débiles. Debe precisarse, no obstante, que aquí lo cualitativo se entremezcla con lo cuantitativo, cosa que no sucede necesariamente con el alcohólatra contemporáneo. Es decir, los primeros, los poderosos o fuertes, son llamados así porque pueden beber grandes cantidades de vino sin emborracharse; los segundos, claro, son quienes se emborrachan a poco que ingieran ese vino peleón que debe rebajarse con agua en una proporción de 1:3. En todo caso, en el fresco que ofrece Platón, Sócrates representa la figura de la autodeterminación, la virtud y la moderación; en el otro extremo, Alcibíades, totalmente ebrio (*sympotes,* escribe el fundador de la Academia), el de la indeterminación, la molicie y la insensatez.

§ 36. Un aspecto fundamental de estas sociedades articuladas como un circuito cerrado de doble control *(c-C)* en el que el monopolio de la intervención, escrutinio y censura recae sobre los mismos sujetos que la integran es el lenguaje que se implementa en ellas. Lo esencial aquí no es el léxico, la palabra, el verbo, sino el mensaje que se construye con la ayuda de abstracciones alfanuméricas —abstracciones, por cierto, con las que se entreteje una red homogénea de códigos y contraseñas, más seguras cuanto más dependen del cálculo (algoritmos) y no del pensamiento (reflexiones)—. La deriva es llamativa: las jergas de las sociedades de control obligan a ver de una manera determinada e imponen cegueras muy concretas, así como voluntades de poder sospechosas. ¿Qué formas de autocoerción se van desplegando a medida que los individuos de estas sociedades se van convirtiendo en simples indicadores, en datos estadísticos? ¿No se va vaciando su yo, esto es, la parte consciente del sujeto, al tiempo que se rellena con todo tipo de fantasías y estímulos de servidumbre? ¿Y qué es lo que se persigue? ¿La producción de automatismos venenosos? En este punto no hay que olvidar que «yo» es un hábito filogenéticamente adquirido y socialmente condicionado; o, expresado de otro modo: un lexema del instinto de rebaño. La sociedad impone y potencia ese yo, pero, en contra de lo que pueda parecer, más que una construcción liberadora, «yo» se convierte en un dispositivo de sumisión allí donde la vida es administrada por alguna forma de Control. Analicemos en qué se traduce esto.

La palabra «yo» pasó de ser un útil pronombre personal ambiguo y envolvente, no marcado con el hierro del género, que es solo gramatical y no debe confundirse con el sexo, a convertirse en una descripción de lo que es un ser humano, como sucede en el proyecto fenomenológico de Husserl o en el psicoanálisis de Freud: donde antes se habla de «almas» o «inteligencias», ahora se habla de «yo»… «El yo». Esta objetivación de lo que es ambiguo e indefinido porque, en realidad, ni es nadie ni de nadie, es una falsificación que con el tiempo adquiere una doble vertiente: interior y exterior, o sea, el control de uno mismo y de lo que lo rodea y la exploración del ámbito en el que se está. Lo interior y lo exterior son dos vectores opuestos y en conflicto, pero el *sapiens* reúne en torno a sí estas dos categorías. El yo se convierte, por tanto, en un valor, uno de los más importantes en Occidente, si bien y como apunta Carl Jung se trata realmente de un valor inflacionario.[34] Y es que no solo el conocimiento científico del mundo y su manipulación están construidos sobre la certeza de que «yo soy», sino que esta certeza es la base de la libertad, del autoconocimiento o de la circunspección. De modo que la supuesta identidad del yo consigo

34   C. Jung, *Las relaciones entre el yo y el inconsciente,* J. Balderrama (tr.), Paidós, Barcelona, 1993, p. 32.

mismo es la justificación de nuestras vidas. ¿Cómo renunciar al yo? ¿Cómo llevar a cabo una *epojé* tan salvaje que ponga entre paréntesis las falsificaciones y objetivaciones erigidas en torno al yo? Obrar así, ¿no haría que se desmoronaran las creencias básicas, la autoestima, la responsabilidad o el motor del mejoramiento individual, social y del medio?

No obstante, al analizar las cosas más de cerca se aprecian algunas grietas inquietantes, hilos desflecados, pequeños puntos de fuga: ¿hay realmente un yo unitario? ¿O esa aparente unidad genera sobre todo incertidumbre y sospecha? ¿Lleva uno mismo el control de lo que ocurre en su interior? No, no hay nada de eso, es un sueño al que contribuye el alcohol al confundir el yo con la persona, con el nombre o la identidad. Esa confusión termina de consolidarse en la adolescencia, que es, no por casualidad, cuando las gentes se inician en el consumo de bebidas alcohólicas. Y es que, como explica René Girard, somos seres que se configuran en virtud de los deseos de los otros.[35] Si los demás beben, ¿qué le queda al yo sino unirse a la libación de licores destilados, macerados o como se quiera? La bebida potencia el instinto de

---

35 R. Girard, *La violencia y lo sagrado*, J. Jordá (tr.), Anagrama, Barcelona, 2023, p. 210. La tesis de Girard es conocida: el deseo es «mimético» porque se forma a partir de un deseo modelo.

rebaño, el yo imita la conducta embriagadora y el alcohólatra, en definitiva, se convierte en el modelo a seguir.

Como dispositivo de control sobre el yo, por tanto, el alcohol refuerza la conducta de los sujetos con el objetivo de repetir experiencias reconocibles. Esas experiencias consolidan, en definitiva, automatismos gregarios que impiden al yo alcoholizado la formulación del venerable *non serviam.*

§ 37. Al reflexionar sobre cómo se intenta controlar al alcohólatra con la bebida, uno debe constatar que la contemporaneidad impone una novedad imprevisible para quienes han vivido y viven apegados a los hábitos e inercias del pasado. Uno de los factores más sobresalientes de la nueva coyuntura es que, mientras el siglo xx fue, como dejó escrito Ernst Jünger, el de la movilización total, hoy se asiste con indiferencia al espectáculo de la mansedumbre individual, la obediencia a las consignas más chatas y los eslóganes vacíos de cualquier contenido. Los sujetos que componen el tejido social de las computarizadas sociedades occidentales actuales ni son huérfanos ni están completamente paralizados, mas sí permanecen en un estado latente, en una suerte de quietud agonizante o viudedad provisional: separados pero hacinados; aislados, aunque geolocalizados; libres pero dependientes de la publicidad y el marketing digitales. ¿Qué es lo que interrumpe esa desidia permanente? ¿Cómo se logra que alguien se active si no es para hacerse un selfi,[36] grabarse un vídeo a base de clips o seleccionar los contenidos de una plataforma digital? ¿No es, acaso, la celebración de algún acontecimiento en el que se pivota alrededor del alcohol, de la fiesta de cumpleaños a la despedida de soltero, de la juerga por el triunfo deportivo a la disco, la *party* o el macrobotellón? Como recuerda Juan de Mairena, profesor de retórica cascarrabias y malhumorado, hay ocasiones en la vida en las que uno refuerza su moral con frecuentes libaciones:

> Las gentes se decían: «Este hombre, que diserta sobre Metafísica oliendo a aguardiente de un modo escandaloso, ¿cómo estará cuando no tenga que disertar sobre nada?». Y la verdad era que mi maestro no tenía trato con el alcohol más que en aquellas solemnes ocasiones.[37]

36   Puede ser de alguna utilidad observar cómo en inglés a la identidad del sujeto consigo mismo —*self*— se le ha añadido con el tiempo el sufijo *-ie* (originalmente empleado en la lengua de Iris Murdoch en nombres de mascotas) para referirse a la imagen que uno toma de sí. El ser humano occidental, anglicanizado y empequeñecido, es ahora representación de un «sí-mismito» o selfi.

37   A. Machado, *Juan de Mairena. Sentencias, donaires, apuntes y recuerdos de un profesor apócrifo*, Alianza Editorial, Madrid, 1981, XXVIII, p. 193.

Mairena es un alcohólatra metafísico como otros lo son deportivos, ociosos o laborales en estas sociedades occidentales un tanto a la deriva. Conscientes de que añade muy poco a la virtud la carencia de vicios, estas gentes creen escapar a la esclerosis de la imaginación promovida por el nihilismo capitalista a través de la bebida. Y es que parece claro que, en la proporción que los reflejos de sumisión y acatamiento disuelven la capacidad reactiva de los individuos, en la misma proporción aumenta el alcohol la capacidad de reunión de las gentes. Curiosa ambivalencia, entonces, la que se da con el alcohol, pues somete a la persona alcohólatra en la misma medida en que estimula distintas respuestas motoras o activa movimientos coordinados de todas las partes de su cuerpo.

No obstante, una de las paradojas a las que se enfrenta el doble control *(c-C)* es la siguiente: como trata de imponer sistemas de organización social omniabarcantes, procesar de forma óptima la información, reducir lo que cada uno cree ser a un índice formulado en una tabla Excel o constituir la realidad en base a unos ideales macroeconómicos destructivos —el paso de lo egológico a lo ecológico sigue siendo la gran tarea planetaria—, su victoria, sin ser pírrica, nunca es absoluta y su éxito, por tanto, es asombrosamente parcial. Ciertamente, la «autoridad» trata de inspeccionar las relaciones intersubjetivas y llegar, gracias a la tecnología, allí donde hasta hace poco era inimaginable llegar: drones, técnicas geométricas de reconocimiento facial, ciberseguridad, etcétera. Pero las relaciones humanas son imprevisibles y el éxito del doble control *(c-C)* va acompañado inevitablemente de fallos en el sistema, errores de cálculo o residuos de inestabilidad. Lo inesperado altera los datos estadísticos, la improbabilidad de los sucesos lleva a refinar los instrumentos con los que dominar lo imprevisto. ¿Cómo controlar lo incontrolado? ¿Cómo dar con una teoría acerca de la realidad que incluya lo aleatorio, las divergencias y las anomalías, lo azaroso? Esta es, con toda probabilidad, otra de las funciones específicas reservadas en las sociedades de doble control *(c-C)* al *mysterium tremendum et fascinans* del vino: nivelar los desequilibrios provocados por la sumisión al sentido, a la creencia de que las cosas suceden por alguna razón.

Nótese que, en las dos grandes tradiciones culturales de Occidente, la grecorromana y la judaica, se ensalza el alcohol hasta atribuirle un significado cualitativo. Es decir, tanto el helenismo como Roma y, por descontado, el judaísmo —pues todavía hoy el alcohol está presente en sus celebraciones y ritos, de las cenas de Sabbat los viernes por la noche, todo un jolgorio, al Yom Kipur—, tanto las unas como la otra entienden el alcohol al modo de un regulador que nivela las diferentes aproximaciones al sentido o, si se prefiere, al «sinsentido» de la vida. Esta propiedad del alcohol quizá confunda al alcohólatra. Sin embargo, cuando algo se desboca o simplemente no encaja, le falta al poder una estratagema de sometimiento y encuadramiento, sobre todo cuando, de no ser por el alcohol, solo le quedaría la policía entregada a su ferocidad enfermiza y a actuar fuera de la ley. Además de desempeñar un rol clave en la formación del individuo o en la puesta en marcha del *sapiens,* el alcohol mantiene entretenidas a algunas gentes que, de no ser por su consumo, desesperarían ante el drama de la existencia.

§ 38. Templemos un poco más este metal. Parece ser que un poeta singular, un tanto apocado, también tristón y algo zamuzo, Fernando Pessoa, dijo poco antes de morir: «Dame vino que la vida es nada». La sentencia del poeta que lo siente todo de todas las maneras posibles y lo vive todo de todos los lados me lleva a insistir sobre lo que acaba de afirmarse en el epígrafe anterior: ¿y si los argumentos que he ofrecido hasta ahora en relación con el doble control *(c-C)* ejercido por medio del alcohol fueran erróneos o, al menos, incompletos? ¿Y si el alcohol, al modular el patrón de actividad de los alcohólatras, fuera el genuino indicador del sinsentido de la vida? ¿Sería esta la función instrumental del alcohol?

Beber es, de algún modo, arriesgado, mas no únicamente por las evidencias que se esgrimen desde las ciencias de la salud: el sol mirado directamente ciega la mirada; la inmersión en lo profundo destroza los tímpanos. Las bebidas destiladas, tomadas de forma excesiva, corrompen progresivamente el cuerpo y el espíritu, pero antes que nada son grandes anteojeras que se colocan por dos motivos, al menos: impedir que se vea la realidad como tal y excitar la marcha, o sea, forzar a seguir avanzando. ¿Muestra la bebida que, por mucho que erijamos sofisticados complejos de creencias —las religiones, la magia o las ciencias—, la vida carece de sentido en términos absolutos? ¿Habrá que tener el alcohol, entonces, por una de esas creaciones humanas que no hacen más confortable el sueño, sino que ayudan a despertar?

§ 39. Es indudable que el ocio y el negocio del alcohol están en manos de las habilidades monopolistas de unos cuantos industriales dedicados exclusivamente a su explotación monetaria, con la que persiguen, sobre todo, el incremento exponencial de sus carteras de valores y sus fondos de inversión. Y sin embargo no me parece descabellado proponer esta hipótesis, a saber: que el alcohol es el penúltimo reducto de la desconfianza o, si se prefiere, el signo inequívoco de la aridez de la vida. Si no hay memoria de lo que fue ni mucho menos de lo que será, si nada nuevo hay bajo el sol y de poco sirve esforzarse porque a un día le sigue otro, y otro, y otro, siempre el mismo e idéntico día como se canta oracularmente en el *Eclesiastés,* ¿no será el alcohol memoria viva de esa nadedad? Tal vez Swift llevara razón al preguntarse si acaso «quien se hunde a causa de desgracias o de la mala suerte, | ¿no se siente vivificado cuando se emborracha?».[38]

Esta concepción del alcohol no hace de él un medio más del que echa mano el Control, pues, en cierto modo, pertenece a la asombrosa trama de la «insumisión de los discursos». En efecto, así como algunos discursos, aunque no todos, contienen elementos que los trascienden e incluso niegan y se erigen en guías para las gentes en un sentido muy diferente al que le había atribuido su autora o autor, al materializar la inanidad de la vida, el alcohol parece ofrecer un encaminamiento no previsto ni deseado por quienes lo explotan como instrumento

---

38 J. Swift, *Toland's Invitation to Dismal,* en *The Works of Jonathan Swift,* XII, W. Scott (ed.), Bickers & Son, Londres, 1883, p. 295 (traducción del autor).

de doble control *(c-C)* —a veces entre la cizaña se hallan también brotes nutritivos y flores de una belleza extraordinaria—. Piénsese, por ejemplo, en la obra de Heidegger, blanqueada tras la derrota del nacionalsocialismo por Hannah Arendt: su influencia no estriba en los elementos reaccionarios más o menos explícitos de su pensamiento, sino en aquellos argumentos que parecen ofrecer un encaminamiento no previsto ni deseado por el autor. ¿Sucede algo similar con el alcohol? Es decir, a pesar de que los sistemas de doble control *(c-C)* se sirven del alcohol como función dominadora, ¿puede alguien con o a través de él abrir pequeñas sendas vivificantes, percibir otros sabores y olores, lograr una buena navegación?

Hay que señalar, no obstante, que la insumisión de los discursos no se da siempre, sino que es un efecto raro y notable: la mayoría de las veces estas narrativas nauseabundas pasan al basurero de la historia, por decirlo con Hegel. Sea como sea, hay que señalar que la vida alcohólatra no solo recoge inclinaciones patológicas, lúdicas o individuales, sino que, en ocasiones, también se ve ahormada por una especulación de base antidogmática y por la conciencia de estar uno aquí, ahora mismo, hundido en esta nada. ¡Ah!, ¿quizá el alcohólatra intuye que simplemente es «una cosa de nadie | que va por los viejos caminos de su mundo»,[39] como dejó escrito otra poeta inconmensurable, Antonia Pozzi? ¿Una cosa, en fin, que el alcohol se encarga de hacer presente a quien es capaz de escuchar su rumor narcotizante y percibir su efecto catalizador?

La inteligencia de los sujetos que conforman las sociedades de doble control (c-C) debe hallar, entre las zarzas de esa doctrina autoritaria, elementos de liberación que no hayan sido degradados por la ideologización del alcohol. La observación directa y la investigación son instrumentos negativos de desbroce del ser de cada uno: corrigen las adiposidades de la tradición, la costumbre y la religión, pero poco más. Y es que no es por medio de ellas que puede llegarse a saber. «Saber» es algo mucho más sutil, pero, sobre todo, humilde: consiste en desaprender lo aprendido, reconocerse en la contradicción lógica que lo rige todo y hacer lo que deba hacerse.

§ 40. En su imponente *Filosofía del vino,* Massimo Donà resume las tribulaciones que ocupan a algunos alcohólatras y su frenética oscilación no resuelta con el término *ambiguità.*[40] En efecto, si es innegable

---

39   A. Pozzi, «Largo», en *Inicio de la muerte,* M. Martínez Bautista (tr.), La Bella Varsovia, Madrid, 2019, p. 17.

40   M. Donà, *Filosofía del vino,* Tascabili Bompiani, Milán, 2003, p. 12.

que la fuerza penetrante del alcohol embota y anula, ninguna experiencia auténtica de la verdad resiste las estrecheces de una razón demasiado sobria para ser realmente creíble: esta es, a mi juicio, la terrible paradoja a la que nos arroja sin piedad la bebida. En ese caso, ¿puede la persona alcohólatra volverse sobre, contra sí misma por medio del alcohol, aprender el mecanismo de la negación y entrar en conflicto con la realidad?

Índice